谨以此书致敬费多益老师!

知识确证的新实用主义路径

曹雅楠 ◎ 著

西南交通大学出版社
·成都·

图书在版编目（CIP）数据

知识确证的新实用主义路径 / 曹雅楠著. —成都：西南交通大学出版社，2021.9
ISBN 978-7-5643-8277-3

Ⅰ. ①知… Ⅱ. ①曹… Ⅲ. ①认识论 – 研究 Ⅳ. ①B017

中国版本图书馆 CIP 数据核字（2021）第 201677 号

Zhishi Quezheng de Xin Shiyong Zhuyi Lujing
知识确证的新实用主义路径
曹雅楠　著

责任编辑	郑丽娟
封面设计	阎冰洁
出版发行	西南交通大学出版社 （四川省成都市二环路北一段 111 号 西南交通大学创新大厦 21 楼）
发行部电话	028-87600564　87600533
邮政编码	610031
网址	http://www.xnjdcbs.com
印刷	四川煤田地质制图印刷厂
成品尺寸	148 mm×210 mm
印张	6.375
字数	133 千
版次	2021 年 9 月第 1 版
印次	2021 年 9 月第 1 次
书号	ISBN 978-7-5643-8277-3
定价	50.00 元

图书如有印装质量问题　本社负责退换
版权所有　盗版必究　举报电话：028-87600562

目 录

绪 论 ································· 1

第一章 知识确证困境

一、知识的"三元定义" ··················· 8
二、盖梯尔问题 ························· 13
三、怀疑主义与回溯论证 ················· 15
四、传统知识论的内—外之分 ············· 19

第二章 知觉经验与信念理由

一、基础主义（Foundationalism） ········ 26
二、一致主义（Coherntism） ············ 41

第三章 社会性与规范性转向

一、外在于主体心灵的知识确证 ·········· 62
二、知识内在于逻辑理由空间 ············ 79

第四章 理性主义路径

一、"理性"的再考察 ··················· 98
二、知识的语义建构 ··················· 111

三、可靠主义的洞见与盲点 …………………………… 127
四、"推理"与"可靠"的内在相关 …………………… 137

第五章　经验主义路径

一、经验主义的复归 …………………………………… 144
二、经验知识何以可能 ………………………………… 155
三、第二自然的自然主义 ……………………………… 169
四、语言主体的直接性确证 …………………………… 176

第六章　新实用主义倾向

一、语言哲学的里程碑 ………………………………… 182
二、基于"概念实在论"的再思考 …………………… 187

参考文献 ……………………………………………………191

绪 论

人类和其他生物共处于自然界，面对缤纷的花朵、激湍的溪流，我们作为理性的存在物，不仅具有对世界的感受能力，还可以通过语言来表达自己所感知到的内容。比如，通过视觉讲出"鲜红的玫瑰"，通过触觉讲出"冰冷的溪水"。这种基于自身感觉的表达同时向其他语言主体传达着某种知识："玫瑰是红色的"，"溪水是凉的"。那么，知识是什么？我们如何获得某种知识？究竟具备怎样的条件，我们才能说自己拥有知识？拥有知识，我们能否确定自己完全知道？如此关于"知识"的发问永无止境。哲学的思考，终源于人类对世界万物的诧异。

对知识及其相关问题的探讨滥觞于古希腊时期并延续至今。希腊先哲对世界"本原"的热切寻求标示着西方理性意识的觉醒，相关哲学问题的探讨聚焦在自然论与本体论的问题上。笛卡尔以绝对的怀疑精神最终提出了自认为毋庸置疑的"我思"，为知识寻找到了全新的立足点，使近代哲学彻底摆脱了中世纪神学奴仆的屈辱地位，人类的主体性得以独立地进行认识进而获取以及扩充知识，认识的主客二分的思绪由此蔓延开来。康德一方面吸收了经验论中关于知识经验来源的相关看法，另一方面对笛卡尔式的"我思"进行改造以捍卫人类理性的主体地位，主体性为科学知识提供客观性的同时保证其普遍必然性。但是，这种理论的"极度张扬",最终使认识主体同"物自体"之间裂开了一道不可逾越的鸿沟。黑格尔在康德的基础上加入历史主义因素,为知识的研究提供了另一种可能。康德对知识的逻辑概念做出静态的分析,黑格尔则将具有建构作用自身的内容再建构,他关心知识的逻辑条件,建构知识的逻辑概念自身自我修正、改进的可能性,有效解除了放弃知识基础可能产生的怀疑论与相对主义威胁,并且为知识指向一条无须确定基础而通达客观性的路径。西方哲学在19世纪末至20世纪初期经历了"语言学转向"(Linguistic turn)的重大变革,哲学的内容、形式、关键词等都发生了一系列的变化,从探讨"思维""主体""意识"而转向对"语言""逻辑形式""意义"的探究。"当概念思辨明确成为哲学的主要工作,语言转向也就自然而然发生了。"[①]此后,语言成为突破传统哲学束缚的载体以及哲学家完成使命的得力工具,分析哲学家以语言作为媒介探究哲学问题。哲学的任务与主题在语言学转向之后开始直接面向语言,弗雷格甚至认为哲学家最主要的工作就在于语言的探究。

实用主义(Pragmatism)诞生于19世纪70年代的美国,出现在由自由资本主义到垄断资本主义转型时期的美国社会,突出行动、行为的重要地位以及实践的决定性意义,是一个对美国的社会文化与世界哲学的发展都产生了深刻影响的哲学流派。其理论的发展经历了创立、繁荣、萧条、复兴四个重要时期,在不断的演变中体现出浓郁的美国特色并且被奉为美利坚合众国的"国家

---

① 陈嘉映. 语言哲学[M]. 北京:北京大学出版社,2006:15.

精神""国家哲学"。实用主义理念深受欧洲哲学思潮和各种流派的影响,达尔文的进化论、德国古典哲学中康德的"先验哲学"与黑格尔的"绝对唯心主义"以及爱默生的"先验论"都是实用主义理论基础的构成,同时现代科学方法论和实验心理学也是实用主义发展的动力。实用主义的哲学理论充分体现出美国多元化的思想特点。[①]随着近代科学技术与社会科学的不断向前发展,"新实用主义"在20世纪60年代以后在世界范围内蓬勃兴起,信奉"行动""能动",强调"实践"的传统实用主义哲学同分析哲学与逻辑实证主义相结合,从而进入了全新的发展阶段。当代出现了罗蒂(R. M. Rorty)、普特南(H. Putnam)这样高举新实用主义旗帜的哲学名家,以及蒯因(W. V. O. Quine)、戴维森(D. Davidson)、戈德曼(A. I. Goldman)、塞拉斯(W. Sellars)等理论中显著带有新实用主义色彩的著名学者,有些甚至本人拒斥"新实用主义者"这一称号,但其哲学理论带有新实用主义的倾向性而被划归到新实用主义阵营。新实用主义目前还是一个相对模糊的概念,并没有十分明确的特征得以界定。新实用主义者不再像老牌实用主义者那样谈论经验、意义、真理,而是从语言出发探讨规范、推理、行动等问题。比如,罗蒂把后现代主义与实用主义融合,通过语言分析的方式对心灵—语言—世界的关系做出了标新立异的思考。蒯因对传统经验主义两个教条进行批判,提出"本体论承诺"、行为主义以及关于知识的自然主义认识论,促使知识及相关问题

---

① [英]罗素. 逻辑与知识[M]. 苑莉均,译. 北京:商务印书馆,1996.

的研究向前迈进。其中，塞拉斯对"所予神话"的批判以及在"心理主义唯名论"中所阐发的独到见解直接导向了当代知识论的研究进路。他任教于位于美国东部的匹兹堡大学，与之后同在这所学院工作的布兰顿（R. Brandom）与麦克道尔（J. McDowell）在哲学观点上有着共同旨趣，形成了新实用主义哲学中独树一帜的匹兹堡学派。布兰顿承袭塞拉斯的"理性实用主义"论旨，被当代学者比作哲学关系的"父与子"，麦克道尔以复兴经验主义立场重审心灵与世界的关系，殊途同归地以浓烈的新实用主义色彩为知识图景做出了全新的描绘。匹兹堡学派试图以理性主义与经验主义两种路径说明语言主体如何将知觉经验纳入辩护序列，剖析新实用主义视阈下语言、心灵与世界之间的关系。本书基于传统知识理论的批判性分析明确意识状态的语言实质，立足于知识的社会性与规范性转向重新思考确证难题，文本结构分为六个章节。

第一章 知识的条件与信念的确证是当代哲学知识理论所关注的焦点问题。传统"JTB"定义将"确证""真"与"信念"作为知识的三个基本要素。在盖梯尔反例颠覆三元定义之后，传统知识理论不仅受到怀疑主义的威胁，还面临回溯论证的难题，并且难以将内在主义与外在主义在确证上各自具有的优势相统一。

第二章 基础主义将不证自明的感官经验作为知识大厦的终极基础并以感觉材料辩护信念。然而，经验中的所予是否真正源于知觉经验，以及基础信念不可纠正的特性遭受到强烈的质疑。一致主义同样将辩护诉诸内在的心灵状态，整体相一致的确证方式取消了信念间的等级差别，但是面对"真理的不确定性""独立理证异议"与"多样化异议"的拷问却无法给出确切的答复。传统知识确证的弊病在于：知觉经验与信念理由相分立。

第三章 20世纪30年代，知识理论背离诉诸心灵状态的内在辩护，转而向外在寻求可靠的保证，关注主体认知机制的可靠性。戈德曼强调外在对象与心智之间的因果关系，将这种可靠的关联作为获得知识的充分条件。在此基础上，以概率为基准的知识以及可靠主义的完善理论阐发了外在主义非自明的确证。与此同时，塞拉斯指出感觉材料不能同时满足知识基础的独立性与有效性，对"所予神话"的批判彻底瓦解了传统经验知识，心理主义唯名论强调知识内在于逻辑理由空间，感知经验无法脱离概念的介入发挥其认识作用，阐发了一种关于知觉的社会性语言理论。知识的再建构突出了认识的社会性与规范性的双重维度，对当代确证理论的发展产生了重要的导向作用。

第四章 布兰顿沿袭塞拉斯的论旨，以理性主义路径探求知识的确证。"智识"主体推论性的实践活动突出了理性对于认识的能动作用，理性能力使我们能够断言，逻辑能力使其明确，语言是以推理的方式"清晰"说出的。知识的语义建构引入社会实践的概念从而接纳了可靠的非推论理由，推理主义理论大致可以分为两个阶段。第一阶段的主旨为规范语用学，意义应当在概念的使用中得到理解，断言的意义是其在推理活动或理性活动中所产生的规范作用。第二阶段强调推理语义学，解释语句以及子句、单称、代词等如何在推理中被赋予意义。布兰顿通过对可靠主义洞见与盲点的剖析，以"承诺"取代传统知识"信念"，使语言与行动超出一般性的知觉意义,得以介入逻辑理由空间,"推理"与"可靠"的内在相关彰显出特有的确证优势,具有显著的新实用主义倾向。

第五章 麦克道尔沿袭实用主义哲学传统,重新召回经验作为知识、信念的来源与基础,支持一种"最低限度的经验论"。"概念化的经验"重新建构了知觉经验和理性之间的关系,在所予论与融贯论的摆荡之中走出一条中间道路,并且以"第二自然的自然主义"为其合理化做出了进一步的说明。寂静主义拒绝哲学虚幻的语义假设,主张语言主体直接性的确证,理性的概念能力使主体有理由而行动。自然同心灵与理性相关联,我们作为自然的独特组成,概念已然是真正的理解。

第六章 "概念实在论"在当代知识论及语言哲学发展的进程中具有里程碑的地位,它超越传统理性主义与经验主义,为知识确证难题给出了全新的解决方式,展现出显著的新实用主义倾向。

第一章 知识确证困境

"三元定义"将"信念""真"与"确证"作为知识的三个基本要素。盖梯尔反例颠覆了传统的"JTB"定义之后,知识的条件与信念的确证成为当代哲学知识理论所关注的焦点问题。知识不仅受到怀疑主义的威胁,还面临回溯论证的难题,信念确证方式的内在主义与外在主义之分源于二者基于不同的辩护视角,然而传统的知识理论却难以将其在确证上各自具有的优势相统一,以上问题揭示了知识确证所面临的困境。

一、知识的"三元定义"

知识论是有深远的历史背景,可以说从人类理性觉醒的时刻起就产生了对知识的思索,在漫长的哲学史中经历了复杂、曲折且极为精彩的演变过程。不同历史时期出现的各种流派与认识理论都为知识提出了不尽相同的解释,相关理论的批判与探索都不断推动着知识理论向前演进。

"知识论"(theory of knowledge)就是在回答"何为知识"这一问题上所形成的相关理论,它对知识做出合理的说明并进行相关的分析,从而帮助我们更好地认识世界即获得知识。知识理论普遍涉及对人类认识能力的考察,因而也被称为认识论(epistemology)。通常情况下,使用"认识论"一词侧重于获得知识的过程,使用"知识论"一词侧重于知识的定义与条件。从"knowledge"与"know"的英文拼写就可以看出:"知识"同"知道"有着密不可分的联系。"知道"包含有更加细致的区分,如"认识""领悟""感到"等都属于不同形式的"知道"。显然,人类的"知道"与"大雁知道如何迁徙""电脑知道怎样绘图"以及更为复杂的反应不同,"知识"意味着更为深刻的含义。知识可以特指人类主体具有的某种特殊能力(competence):"懂得骑自行车""能够背诵并使用九九乘法表";也可以指认识到某些东西:"识别出某个电影明星""领悟到家庭观念的重要性";或者是某种信息的获得:"好莱坞影城在美国""作家米兰·昆德拉是捷克人";等等。以上这些不同的类别都可以称为知识,同时不同形式的知识之间通常蕴含着某种关联,而且这种关联之间没有明晰的界限。

  知识论在漫长的历史中有以下几个重要的发展阶段:古希腊时期、中世纪时期、近代哲学时期(至康德)、现代哲学时期至今。本书中的"传统知识论"泛指20世纪之前的知识理论,主要涉及近代认识理路中经验主义同理性主义的延续,这两种不同的研究传统对当代哲学关于知识类别的划分产生了深刻影响。其中,最广泛且被普遍接受的分类即依照主体的认识能力把知识分为"感性知识"与"理性知识",前者以主体的感性能力作为基础,后者则以理性能力作为基础。与此相关,部分哲学家把知识视为主体同实在对象相接触的认识关系,据此划分出"直接知识"(knowledge of things)与"间接知识"(knowledge about things),间接知识就是主体关于世界的命题知识。除此之外,按照知识性质可以区分为"信念知识"与"非信念知识",前者强调所有知识都必须以信念作为前提,后者则认为存在非推理的知识。随着近代科技的突飞猛进,西方学者开始按照知识的来源、范围与客观有效性等方式探寻,比如将知识区分为"经验知识"与"先验知识"。经验知识是通常源于感觉的事实知识,先验知识相对于经验知识更具有确定性。康德进一步将先验知识归为分析命题,意义介于主词与谓词之间的关系;将经验知识归为综合命题,需要对知觉进行综合;二者最为根本的不同在于确证是否依赖于感觉经验。康德的思想是认识论的重要转折点,他突显出主体在认识中的绝对地位,被誉为哲学的"哥白尼革命"。康德对"我们何以能够先天地经验对象"的回答彻底颠覆了"知识符合对象"的传统认识关系，从而使之转变为"对象符合认识"。他一方面他赞同一切知识来源于经验的经验主义准则，另一方面以唯理论批评了经验论。科学知识建立在经验的基础上，然而只有经验是不够的，因为只有"先天的"才能保证其普遍必然性。日本哲学家安倍能成是康德哲学研究的著名学者，他将康德的思想生动地比喻成"蓄水池"[①]，即在含纳传统哲学的同时作为近代哲学的开端，使人类的思想由此步入批判的时代，知识被赋予更为深刻的认知意义。

早在古希腊时期，先哲为寻找信念确切的依据就展开过热烈的探讨，哲学领域就已经对知识做出了明确的定义。柏拉图在《泰阿泰德篇》中提出了知识定义最为原始的三个核心要素：真、意见（信念）、逻各斯——理性的解释。当代知识理论中所谓的知识的传统定义就源于如此柏拉图式的思考：知识是证成为真的信念。这一定义在漫长的认识发展中的不同时期都具有极高的权威性，信念（belief）、真（true）、确证（justification）构成了知识条件的三个基本要素，通常被称为知识的"三元"定义，或简称为知识的"JTB"定义。其中，"justification"一词中文翻译为"理由；辩护；认为有理；认为正当；释罪"[②]，被确证的信念就是经过辩护的、合理的信念。其中，知识首先是一种"信念"，信念通常与

---

① [日]安倍能成. 康德实践哲学[M]. 于凤梧，王宏文，译. 福州：福建人民出版社，1985：3.

② "justification"由动词"justify"转化得来，本书依照其出现的不同理论与语境，交互使用"证成""辩护""证明""确证"几种常用译法。

"相信""认为""断定"密切相关，同时并非所有的信念都是知识。我们时常也会相信自己无法辩护的内容。比如，我相信"世界上有独角兽"，但是我从未见过这种生物，周围也没有人能证明这种生物的存在，考古遗址没有发现过化石，现代生物谱系也不存在这个类别，等等。可见，信念是知识的必然条件，却不是充分条件。知识的表达不仅蕴含着"相信……如此这般"，"知道"意味着能够对信念提出确证的理由。知识的权威在于保证信念的"真"，我们"误以为"而相信的某个信念并不是知识。知识的信念必须是得到"辩护"的"真信念"，认识主体拥有为其确证的理由。那么，三元定义中信念的"真"又在知识的条件中充当怎样的角色呢？

"真"的概念被理解为一种关系的表述，表明理解与事物的一致性、描述某个判断与判断对象之间的关系、与客观事实符合。科学研究是探求"什么东西是确定的"，哲学研究是探求"什么是真理的本性"，认识的"真"往往承载于话语、断言、信念、命题之中。当我们说出"知道"一词，语言的表达同时流露出追求真理的意图与信念，知识与追求真理有着最为实质的关联。在语言哲学的范畴中，信念、真理与意义之间存在着内在的关联，我们通过各种可能的方式为信念、判断、意见的内容寻找"真"的证据，因此探求知识的过程就是追求真理的过程。知识的确证与思想命题信念这样的形式紧密相关，正是以追求真理为目的的确证把其他形式的确证与知识的确证区别开来。比如，相信好人一生平安，信仰上帝得到救赎，这类命题的确证并不存在认知意义。知识的确证就是在认知意义上对真理的探求。如果说真理是认识的最高目标，确证就是获得知识最重要的手段。

知识条件中最关键的元素是"确证"，它不仅体现出人类作为知识的主体所具有的理性特征，而且是知识与"真实的信息"得以区分的本质特征。确证凸显着认识最本质的必然要求，就像怀疑论者的问题：我们怎么知道我们确实知道？从客观角度看待确证，它关注于我们所相信的内容是否为真是真理的根本保证。从主观角度看待确证，我们要考察自己是否应该相信某种内容并阐明"相信"的理由，无论其在客观上正确与否。确证可以视作寻求证据捍卫某个主张的基础，当我们拥有某种理由形成一个观点，就可以说自己有理由持有某种推理的结果，因此形成信念的条件就涉及确证。当代知识理论聚焦于对"信念的理由"与"被确证的信念"之间关系的探究，"如何确证"是知识问题产生分歧最多的地方，也是各流派知识理论争论的核心问题。通常情况下，确证一个信念有很多种不同的方式，我们可以依靠知觉、推理等方式进行辩护并得以获得更多的信念。例如，当我们看到大街小巷张灯结彩，会推断某个传统佳节临近了；闻到厨房传来焦煳味，会想到是茶壶熬干了。人类有视觉、听觉、触觉、味觉、嗅觉五种感官，以及"第六感"甚至更多的感知途径。从知觉得到信念，再从信念推断出其他命题内容，每一个健全的成年人都拥有这样的能力，即便我们不能确定可以从中推断多少命题，有时每个人得到的结果也不尽相同。知识表达的基本形式：S 确证地相信 P。S（Subject）认识主体需要理由遵从于认识规范辩护命题 P (proposition),我们既可以通过感官接收外界信息佐证自己的想法,又可以通过思考推理出新的、确切的论断。然而,这二者通常被认为是不同的认识范畴。知识的信念属性不禁使人发问:怎样的内容可以成为确证的理由?与此相关,理性的推理与感性的经验哪一方更具有确证的优先性?

当代哲学关于知识的争论正是在回答确证问题时所产生的思想碰撞。

二、盖梯尔问题

美国著名哲学家盖梯尔(Edmund L. Gettier)在对认识的探究中发觉:信念为真的条件始终无法将运气的成分排除。他在《确证为真的信念就是知识吗?》一文中主要提出以下两个论点:"第一,在'有理由'的下述意义上,即'S 有理由相信 P'是'S 知道 P'的必要条件,一个人仍然可能有理由相信一个事实上为假的命题。第二,对任何命题 P,如果 S 有理由相信 P,并且 P 蕴涵 Q,S 从 P 推出 Q,并认为 Q 是这个推理的结果,那么,S 有理由相信 Q。"①

例一:史密斯与琼斯申请同一份工作,(a)琼斯是得到工作的人,他口袋有十枚硬币。史密斯拥有(a)的证据,有人告诉他某些消息,于是他认为公司最终会任用琼斯。在几分钟以前刚好他

---

① [美]盖梯尔. 有理由的真信念就是知识吗?[J]. 孟庆时,译. 今日哲学,1987.

数了琼斯口袋内硬币的数目,然后他推出(b)即将得到工作的人的口袋内有 10 枚硬币。假设:史密斯从命题(a)到(b)的推理,依据(a)接受(b),他有很强的证据相信(b)为真。但是如果进一步思考,史密斯最终得到工作而且连他自己都不知道口袋里也有 10 枚硬币,那么由(a)推出(b)为假,但是(b)为真。例子中所有命题都为真:1.(b)为真;2. 史密斯相信(b)为真;3. 有理由相信(b)为真。然而,史密斯不知道(b)为"真",因为他不知道自己口袋内有多少枚硬币,但是(b)却由于史密斯口袋内的硬币才为"真",他相信(b)源于数了琼斯口袋内的硬币并且误以为最终聘用琼斯。

例二:(c)琼斯有一台福特品牌的汽车。史密斯记得琼斯有一辆福特汽车而且他曾经坐过,因此他自认为对命题(c)有着很强的证据。史密斯有一位好友名叫布朗,史密斯不知道他现在身在何方,关于他的去向设置如下三个命题:(d)琼斯有台福特汽车,布朗在 Boston;(e)琼斯有台福特车,布朗位于 Barcelona;(f)琼斯有台福特车,布朗在 Brest。每一个命题都由(c)推出,再次假如史密斯依据(c)正确地推理出以上命题,那么他拥有理由且他并不知道布朗到底在哪。现在另外的条件开始发生作用,琼斯并没有福特车,他现在租车开而正好租到福特车,史密斯完全不知道且同时布朗恰好在 Barcelona。于是出现了这样的结果:(e)为真;史密斯相信(e)为真;史密斯有理由相信(e)为真;但是史密斯并不知道(e)为真。

盖梯尔举出两个生活中的例子,以寥寥数语就使三元定义遭受到前所未有的威胁，他对知识条件提出质疑的例证具有极高的代表性，之后陆续有上百种类似的反例，甚至出现了不同的类别。这些反例将攻击矛头直指传统知识理论，指出三元定义当中并没有使得命题为真的充分条件，即使同时满足"信念—真—确证"，也可能不是知识，知识理论由此对真与信念的探究开启了全新的确证方式。传统知识理论对盖梯尔难题的解决途径主要有两种：一种是在传统三元定义的基础上增加一些条件，或者提出一个定义完全替换；另一种在确证上寻求出路，寻求全新的辩护方式以得到真正的知识。此外，有许多学者不屑一顾，认为它只是知识论的边缘问题。

总之，盖梯尔反例的提出影响了当代知识理论的发展走向，不仅将"确证"推进到知识条件的核心位置，而且引发了哲学家关于经验知识的激烈争论，在更广泛的领域内对人类社会产生了重要影响。

三、怀疑主义与回溯论证

传统的"三元定义"立足于柏拉图式的思考：知识需要理由，是证成为真的信念。这意味着拥有知识应为其正确性提供相应的证明，那么当一个理由错误或者对他不利的时候就无法统计知识。因此，知识的理由必须基于合理的认识，同时主体可以提出为什么自己会有这样的想法，即为信念提供证据、做出辩护。让我们设想这样一个最简单的生活场景来说明寻求知识理由所产生的问题。

朱莉问她的丈夫马克："大门关了吗？"马克走进客厅看到门关着，然后做出回答："是的。"马克基于自己所看到的内容，通过自身的知识回答朱莉，朱莉因某种身份而相信这一回答，于是她知道"门关着"。朱莉的知识基于马克所讲，但是如果马克所说的是错的，在门未关的情况下朱莉说出"我知道门关了"，她的"所知"就是一个错误的认识结果。这里，认识主体通过某种心智状态获得知识，信念在某个事实确实发生并且没有其他阻碍内容的时候产生。朱莉知道"门关着"似乎就必须知道马克说的是否为真，并且知识的理由对于主体而言是正确的。马克的"知道"来自"眼见为实"的理由，也许朱莉以前让马克回答过与这次情况相同的事情，朱莉的"知道"基于马克的知识。那么，她会相信马克所说的其他内容或全部内容吗？显然，相信与否取决于更复杂的情况。S"知道"P，不仅S相信P，而且P要为"真"。然而，理由A需要理由B，理由B依赖于理由C，如此无休止的理由追问使知识陷入"无穷倒退"的死循环。

例子中的问题具有很强的代表性，引发了广泛的哲学思考。信念以另一信念为依据，从而组成信念的链状连接，每一信念依赖于其他信念从而形成寻求理由的无限倒退，信念推理的源头是否为某个确证的信念就会成为一个谜。生活中有许多这样的例子："月球是卫星"；"狗不能吃巧克力"；"一周有七天"；"2+2=4"；"刑讯逼供是不对的"；等等。如果这样司空见惯的场景都出现无限倒退，人类其他的观念便全然如此。倘若无法终止这种理由的回溯，我们就不能无限地知道、认识事物，这将意味着根本不存在所谓的知识。一个关于外部对象的理由建立在其他信念之上,这个理由是如何确证的呢?某人基于其他人可信赖的理由"知道",那么,证据的本原是什么?它究竟是确证的环境还是认知的机制?抑或是心理因素,或者是社会因素以及其他?知识的回溯论证反映了知识标准的难题,而怀疑主义对此直接给出世界不可知的结论。

你如何知道?对这一问题的回答是知识各种理论产生分歧的关键。怀疑论有两种——直接怀疑与间接怀疑。直接怀疑认为我们不可能知道任何东西。间接怀疑相对较弱,指我们不可能知道"我们知道"。对此,也可以按照怀疑的形式区分为"全面怀疑"与"局部怀疑"。全面怀疑是极端的怀疑,认为我们一无所知,我们永远无法得到任何确证。局部怀疑仅仅对一些特定的对象产生怀疑,比如外在世界。怀疑论者像是守护于知识大门之外的忠实侍卫,他总是以如此回答拒绝所有的来访:没有什么能够被知道,因为没有人确实知道。如果我们无法确定自己所知道的"确定无疑",那么就意味着永远不可能真正知道,世界上并不存在所谓的知识。哲学的探究就是对世界不停地发问,每一个发问者与探究者都可以被视为怀疑论者,因此怀疑主义在任何一个时期都占有十分重要的位置。最早的怀疑论只关乎意见、判断及信念的探讨。近代笛卡尔、洛克与康德探寻理智的范围与本质,他们所处的认识论时期把哲学的第一要务视为确定我们能够获得关于这个世界的知识的程度与途径。当代哲学的怀疑论出现了更为新奇的表达形式,比如普特南以"缸中之脑"的奇特设想阐发了怀疑论的"对立假设"(rival hypothesis)。他设想出一位邪恶且智慧超群的科学家,把大脑与计算机相连接，在他的控制之下你就会拥有当下的知觉经验。假如科学家的试验成功，意味着自身经验无法表明是否为缸中之脑，一切经验都与正常人所接收到的相同，那么究竟哪些是实际的情境呢？你不知道自己是否就是这样一个缸中之脑。当你正在绘画，做出断言：我知道自己正在绘画，于是也知道绘画时不是缸中之脑，根据否定式得出，既然不知道自己是不是缸中之脑，因此不知道正在绘画。如果 S 知道 P 且蕴含 Q，那么 S 知道 Q；如果主体知道已知的命题结论，就能知道是真的。于是，如果不知道自己不是缸中之脑，就不可能知道任何的 P，如果知道 P 为真，S 就不是缸中之脑。①可见，普特南承认知识的存在，并且阐发了错误的可能性。如此，模态世界的设想与可能主体的假设都在表明：任何关于外在世界的命题，似乎都能以同样可解释的对立假设被建构出来。

知识的回溯论证同时面临怀疑主义的诘难。当代哲学对知识的探讨从解决回溯论证开始，大概可以简单概括为四种方式。其一，终止于某个未经确证的信念。如果理由链条终止于某个不以任何信念为前提的特殊信念，这样能够产生知识，但是同时不为人知。看到地面潮湿，我们会猜想刚刚可能下雨了，这种理由并非经验，但是即便真的遇到阴雨天，确切地说也不能完全肯定就是下雨导致地面潮湿。倘若知识建立在这样的基础之上，无异于再次将知识推向怀疑主义。其二，在无限倒退中加入新的信念。

---

① Putnam Hilary. Brains in a Vat[C]// K. DeRose, T. A. Warfield. Skepticism: A Contemporary Reader. Oxford: Oxford University Press, 1999.

这样做的目的是促使理由的追寻形成一个良性的循环，然而问题是无法保证信念的连续性，而且人类的认知能力有着自身的限度，我们的记忆、智力、能力、生命等都是有限度的，无法为无限循环的命题确证持续提供养料，同样我们也不能以无限制的循环来搪塞自身知识的确定性。其三，回到信念推理的原点。当信念返回自身，就像第二种方式使信念依据前一个信念，不同的是最后回到一个初始信念。这种信念是间接的环状循环。这种方式的弊端在于实际中信念的确证关系十分复杂，不可能成为单一的确证的起源。其四，为知识寻找确定的基础。在解决知识论问题上，给予知识一个确定的基础看起来似乎是终止回溯论证并且驳斥怀疑论最有效的方法。在很长一段时期中，第四种方式对于知识的确证具有独特的吸引力。

四、传统知识论的内—外之分

知识论的内在主义与外在主义之分的根源在于二者基于两种不同的确证视角。内在主义从认知主体的内在出发来探求知识的相关问题，这种研究传统由来已久，近代主要以基础主义（Foundationalism）和一致主义（Coherentism）两种理路为代表对知识确证展开了激烈的探讨，它们在丰富、发展知识理论的同时，在解决确证难题的尝试中暴露出传统经验知识自身无法愈合的弊病。内在于认知主体的是一个复杂的概念，最直接的目的就是对抗"回溯论证"的难题。在传统意义上来讲，作为主体有某种理由相信的东西，是被我们注意到、意识到的内容。但是,仅仅从内在出发似乎无法完全说明经验知识的合理性,于是在对内在主义知识理论的发展与批判中,外在主义的知识理论应运而生。尽管信念源于认知主体,但是信念的确证除了内在状态之外还受到外在因素的影响,可靠主义与概然主义是外在主义的两个最具代表性的观点。

知识内在论者普遍认可这一观点:确证知识的东西是主体以特殊方式直接把握的。对此,邦久认为:所有确证信念的因素对于认知主体是直接把握的,即内在于主体的认知视角。[①]费尔德曼认为我们应当以第一人称的视角看待,主体基于内在认识对客体加以"获得""把握"或者是"接近"。奥迪(R. Audi)认为:确证完全内在于心智,基于主体对反思与内省的把握。波洛克(John L. Pollock)认为:只有主体的内在状态才是相关于信念的内容,使信念得以确证。[②] 阿尔斯顿(W. Alston)诉诸主体对于世界的审视确证知识,将内在论总结为"第一人称的视角"[③]。与从认知者的第一人称视角内在的确证知识相反,外在论者主张信念与真之间的关系外在于认知主体视野,从认知者的周围环境因素确证知识,即第三人称视角。知识只是信念同世界之间的某种关系,信念的确证无需主体自身的把握。因此,外在论者关于信念的确证脱离了主体本身而诉诸外部世界的因素,确证依赖于信念形成

[①] Laurence Bonjour. Externalism and Internalism[M]. Oxford: Oxford University Press, 2002.
[②] John Pollock. Philosophy and AI: Essays at the Interface[J]. Mind and Machines, 1997, 7(3): 390-395.
[③] William Alston. Internalism and Externalism in Epistemology[J]. Philosophical Topics, 1986(1): 68-69.

过程的可靠性。伴随当代科学哲学的发展，认识已然同时涉及心理认知机制与社会文化实践等因素。"认知者通过思考他自己的意识状态，就可以使他能够发现他所具有的可能的信念，并且可以使他的这个信念是正确的得到辨明。但是我们的内省能力是否与内在主义所认为的是同样可靠的是值得怀疑的，自我呈现的特征也是值得怀疑的。内在主义者的特定论方法也是矛盾的，它从假定我们最初认为是可以得到辨明的信念事实上是可以得到辨明的来开始的，但这个假定是不可靠的。知识的辨明概念既是主观的也是客观的，但主观上有说服力的并不一定是客观上可以保证的，恶魔假设和缸中之脑假设表明能满足我们自身最严格的认识论标准的认识事实上可能完全是错误的，知觉信念的这种错误表明真实的信念不能被看作是严格的知识。"[①]

知识内在论与外在论对于确证的评价标准有着本质的区别，确证方法的差异对于信念为真的标准呈现出截然不同的理解。内在论通常通过内省的推理而得到确证，其确证是自明性的。而在外在论者看来，单纯从内在出发永远无法摆脱怀疑论的威胁，于是从数学上的可能性来得到概率的百分比，诉诸信念为真的概率以及信念过程的可靠性寻求确证。戈德曼将经验知识视为与知觉相关的因果论，等同于合适的原因所引起的事实引起的真信念，其是否为"真"在于引起信念的原因而不是以怎样的理由来证明。这里，我们可以以"非推论"来理解知识外在论的策略，主体作

---

① 邹志勇. 内在主义的认识论研究[J]. 社会科学家，2017（6）: 242.

为可靠的认知工具，可靠性使信念得到辩护，最终得到确证的信念是外在于概念世界的事实。其中，理由不是相信为真与否的证据，而在于同外部世界事实是否具有恰当的外在关系。知识外在论与内在论最根本的区别在于对信念确证标准的解读方式。显然，外在论在某种程度上抛弃了"确证"，主体的认识无须知道"已确证"意味着"相信"理由作为知识的前提无任何的必要，构成知识的信念仅依赖于外在关系而非主观的内在状态，信念是确证当且仅当 P 源于可依赖的认知过程，S 无须对其加以把握。

事实上，随着当代哲学与科学的发展知识理论的内在主义与外在主义已不再是传统哲学知识论中两种确证理路的区分，当代对于传统知识理论的发展在确证问题上体现出对内在论的支持与反驳，所呈现的各种基调已然摆脱了泾渭分明的方式，产生了许多将两种确证视角交汇的理论尝试，以及选择在二者之间走出一条中间进路来解决知识的相关难题。总体来说，内在主义确证在当代哲学发展中突出了理性与推理的能动作用，强调知识需要符合逻辑，主张无论以何种方式探究知识都不能无视思维的重要作用。外在主义的确证基于"内在"的前提，但是它认可的是一种从经验中直接产生的、非推论的确证。信念由可靠的认知机制产生就意味着拥有了成为知识的资格，知觉信念作为一种当下的确证无须依据与推理，以这样的方式产生的信念与其他信念依然是一个整体。但是，目前看来，无论是内在论还是外在论的探究理路，都无法对信念确证的疑惑给出满意的答案，知识确证理路的内—外之分恰恰暴露了传统知识理论最棘手的难题。

从知识的三元定义到传统经验知识理论的确立，对知识相关问题的探讨不断推动着知识理论的演进。语言转向之后，当代哲学知识论的研究同分析哲学相结合，以语言为媒介聚焦于心灵与世界的关系。伴随心灵哲学与知识论的合流，当代哲学在对传统经验知识的发展、批判、改造中为知识的心灵图景增添了更为丰富而细致的描绘。

第二章 知觉经验与信念理由

基础主义将"不证自明"的感官经验作为知识大厦的终极基础,并以"感觉材料"为信念做出辩护。然而,经验中的所予是否真正源于知觉经验以及基础信念"不可纠正"的特性遭受到强烈的质疑。一致主义同样将辩护诉诸内在的心灵状态,信念间整体相一致的确证方式取消了信念等级的差别,但是面对"真理的不确定性""独立理证异议"与"多样化异议"的拷问,却无法给出确切的答复。传统确证的弊病在于:知觉经验与信念理由相分立。

一、基础主义（Foundationalism）

（一）非推论确证的基础信念

当代学者索萨（Ernest Sosa）把基础主义者的知识结构比喻为"金字塔"①，底层的信念支撑起上层的信念，底层的信念就是所谓的基础信念，它不需要其他信念支持，同时是自我确证的。基础主义理论试图以自我确证的信念作为其他信念的基础，其核心要旨可以简单归纳为：一切知识以及被确证的信念最终源于某种非推论的内容，它是知识的基础。

为知识寻找自明的、非推论的确证基础，这种研究传统最早可以追溯到古希腊时期，柏拉图、亚里士多德都曾做出过相关问题的讨论。近代经验论与唯理论的争论中，参与的许多哲学家都属于基础主义者。传统经验主义认为感觉状态的信念最具可靠性，一切信念都源于经验，认识主体往往通过内在的感觉、内省获得一种特殊的"基础信念"，休谟、洛克、贝克莱等都倾向于这种观点。笛卡尔、莱布尼茨等理性主义者则认为信念源于理性直观，坚持由内省获得自明的信念最具有可靠性。在认识问题上，传统理性主义同经验主义之间的分歧主要表现在对知识来源的看法不

---

① Ernest Sosa. The Raft and the Pyramid[C]//Linda Martin Alcoff. Epistemology: The Big Questions. Oxford: Blackwell Publishers, 1998: 188-189.

同，但是二者在探究方式上却展现出一种共同特征：基础主义的立场，即赞成认识中存在某种先于其他信念的"基础"。此外，近代哲学还突出以先验的认识作为探究的方式，先哲柏拉图早在古希腊时期就已提及存在那种激起经验同时超越经验的东西。步入近代之后，康德进一步将其明确为"物自体"，指出经验对象不过是物自体对于主体的显现，它是不可经验的先验对象。这三种方式都可以视为为知识寻找某种确定的基础，因而都可以被视为基础主义理论的范畴。

基础主义理论在当代哲学中最早以终止回溯论证的目的产生，"所予论"是典型代表。在逻辑经验主义兴盛之后，哲学领域关于知识基础的探讨广泛展开并成为知识论探讨的主导问题之一。发展至19世纪三四十年代，基础主义以及经验论者将寻找知识基础的目光投向了知觉信念，他们认为这种信念基于经验而不是仅仅通过推理而得出，于是最终将确证诉诸那种非推论的基础信念并将其作为基础主义知识大厦的基石。卡尔纳普在《世界的逻辑构造》一书中明确提出："我们认为，知识具有某种基础，这种基础就是关于直接所予的知识，它是无可置疑的；我们还假定其它各种知识都是坚定地立足于这个基础之上的，因此同样也可以被确定无疑地决定。"[1]当代研究理论的著名哲学家如波洛克、奥迪、阿尔斯顿、齐硕姆（Roderick Chisholm）等，他们的理论都在不同程度上涉及基础主义。除此之外，还有一些哲学家在知识

---

[1] [美]卡尔纳普. 卡尔纳普思想自述[M]. 陈晓山，等，译. 上海：上海译文出版社，1985：90.

确证视角上并不赞同内在主义的立场，然而理论中却采纳了基础主义的方式，可见基础主义在当代知识论及整个哲学中所占有的重要地位。那么，知识一定需要基础吗？基础主义知识理论具有哪些特点？基础信念同其他信念有着怎样的区别？

基础主义把信念分为两种，一种是基础信念，另一种是非基础信念。基础信念相对于其他信念简单来说有三点特别之处：非推论性、自我确证以及非信念的辩护。昆坦（Anthony Quinton）在《事物的本质》一书中明确指出，经验知识需要基础，一个信念要被接受，支持这个信念的其他信念必须是自我确证的，因此处于理由无限倒退终点的就是知识的基础。[1]通常情况下，基础信念是内在于主体的或直接获得的东西，以一种"非推论"的经验确证作为知识的基础，上层信念（superstructure beliefs）正是由于同这种基础信念的推论关系而得到辩护。基础主义认为信念确证的方式有两种，基础信念得以自我确证，其他信念以基础信念的辩护得到确证，区别在于这两种确证的结构不尽相同。其中，基础信念与其他信念之间的关系是"非对称"的，辩护的证据可以确证或证否，但是相反则不然。也就是说，证据可以确证结论，但是结论却不能为证据辩护。同样，可以从 A 推理得出 B，但是并不等于从 B 可以推理得出 A。总之，基础主义的确证是一种单向的确证关系。那么，如果主体拥有某个"非基础"信念，就意味着对其确证至少需要归因于一个基础信念。按照这种观点，当

---

[1] Anthony Quinton. The Nature of Things[M]. London: Routledge and Kegan Paul, 1973.

某个信念的确证能够追寻到一个基础信念而终止回溯,它就可以被称为知识。这里,通过一个信念而推断出另一信念的心理关系是一种"基于"的推论关系。其中,"因果关系"是对这种关系的重要解释之一。然而,我们的信念有时会很自然地与非正常的"因果链"相连接。思考生活中的一个例子:我觉得天气变冷了,于是到商场购买羽绒服,但是在途中喝了一杯热咖啡。这里,我拥有"咖啡真美味"的信念最初的缘由是"天气变冷",很显然这些信念全然没有任何的基础关系。这说明基础信念与其他信念之间有着特殊的认识关系,二者之间有着更为严格的规定。对于知识而言,基础信念同其他信念之间应当是一种认识上的关联,信念是否与为其辩护的信念具有认识关系决定了这个信念最终是否可以被称为知识。基础主义在知识确证意义上通常是一种信念论,在某些理论中也存在另一形态即非信念的基础主义,其认为知觉经验能够为知识提供非推论的确证,并且这种确证并不包含概念,知觉到某种状态是非意识的。可是,如果感觉材料仅仅是种自在的自觉,那么经验显现的是关于心灵状态的性质信念还是知觉?是否只有关于外部环境的信念才是基础信念?如果这种知觉没有认知的涉及,那么如何为信念提供辩护理由?

在传统知识理论中,感觉经验往往被视为将主体同世界关联起来的唯一的途径,基础主义试图以基础信念作为其他信念辩护的依据。比如,"知觉表征论"就表达了主体对外部对象的感知,主体心灵中产生一个与对象相关的知觉经验,我们所获得的是关于知觉经验的信息而非知觉的对象。最常见的是"事物看起来如此这般"作为信念的基础,基础信念往往被视为主体对知觉的直接回应。对此,感觉经验的非物质对象直接呈现于主体的心灵即作为一种"感觉材料"(sense-date),罗素(Bertrand Russell)将其更为贴切地称为"亲知知识"(knowledge by acquaintance),其他经验论者所指的"直观信念"(intuitive belief)、"直接经验"(immediate experience)以及之后遭到强烈批判的"所予"(the given)都是这一内容。这种非推论的内容显然符合经验论与基础主义所谓的知识基础,基础主义者坚称关于物质对象的信念就是从这种感觉经验中推理而来。

(二)经验中的"所予"

刘易斯(Clarence Irving Lewis)最早在著作《心灵与世界秩序》中使用"所予"一词,并在探求经验知识的相关理论中给出了"所予论"最具代表性的论证与说明,对知识及其确证持有鲜明的基础主义立场。他试图对知觉经验进行全新的考察,从而在实在论与实用主义结合的过程中为知识提出一种全新的理解。

认知对象是否独立于心灵?传统哲学的观念论者与实在论者对于这一问题给出了不同的回答。实在论者认为对象独立于心灵,观念论者则坚持心灵影响对象并以某种特殊的方式建构对象,二者对于直观作为一种所予在知识论中具有怎样的认识地位产生了分歧。换言之,二者对于如何看待知识中直观的作用有着不同的理解。对此,刘易斯延续了古典经验主义传统,把知识视为感觉经验的逻辑结果,把知识区分为"所予"和"解释"两个部分。"我们的知识来自内心的两个基本来源,其中第一个是感受表象的能力(对印象的接受性),第二个是通过这些表象来认识一个对象的能力(概念的自发性);通过第一个来源,一个对象被给予我们,通过第二个来源,对象在与那个(作为内心的单纯规定的)表象的关系中被思维。"[1]经验包含于两种要素——所予物和附加于所予之上的解释(构造)。所予论的产生同康德哲学有着密切的关联,这种区分方式类似于直观与概念的区分,承认直观的同时强调概念的作用。"没有思想活动主观无意义,没有直观,思想活动没有意义或理由。"[2]知识涉及解释,使用概念的事物独立于心灵,"所予"就是这种不由认知主体决定的东西。

其中,"the given"译为"所予",又可译作"给予""给定""所与",特指"所予物"是一种稳定、可靠的表象要素,其他不具确定性的即可批判的要素就是解释的要素。刘易斯以这种独立于心灵之外的"所予"辩护实在论,像感觉、知觉这样的直观即直接呈现(direct presentation)都是不同形式的"所予"。感觉材料作为一种被呈现于心灵的东西,也可以描述为是一种对心灵的赋予。感觉材料是某种印象、感觉,通常可以分解为关于感觉材料的某物,类似于"看起来……""听起来……""感觉到……"等表达。所予不包含任何的概念,对婴幼儿、野人、成人来说都是一样的,不过是感觉内容——一种基于感觉的复合物。这种知

---

[1] C. I. Lewis. The Place of Intuition in Knowledge[D]. Cambridge: Harvard University, 1910: 144.
[2] [德]康德. 纯粹理性批判[M]. 邓晓芒,译;杨祖陶,校. 北京:人民出版社,2004: A50/B74.

识观点脱胎于康德的先验认识论,即认为不存在没有概念干预的所予,由此自然地引渡知识的另一个成要素——先验概念。这种基础主义不同于以"直接的觉知"(immediate awareness)作为基础,它强调经验知识中概念的使用,没有概念就不能延展到直接所予。就像康德所谓的直观,觉知到的非概念经验既不涉及真值也无法确证信念,因为信念必然涉及概念活动,因此它仅仅是知识的前提之一。所予论把知识中的所予部分区分并确定下来,以这种自我确证的所予作为经验知识的基础有力地回击了"回溯论证"。从这种视角来看,基础主义的支持者都是一定程度的现象主义者,强调感觉材料对经验的所予特性,基于感知所提供的感觉材料提出类似于"所予论"的认识建构,赞同感知中包含一定的所予要素。感觉材料作为经验知识的基础,然而这并意味着关于感觉材料的知觉经验就是真正的知识,因为其尚未含纳解释或者判断的成分。"世界不是在经验中被所与的,而是思想通过感觉材料建构的。"①知识由"思想动态"(an activity of thinking)与"简单觉知"(a simple awareness)共同建构。②

实在论被视为一种建构,知觉是对所予的解释,经验并不完全独立于心灵,同时也不关涉于解释、信念等。刘易斯称其为"所予的解释",知识需要概念的解释,没有概念参与就不能称为知识,知觉经验包含所予的同时也包含解释。因此,所予对于知

---

① C. I. Lewis. Mind and the World Order: Outline of a Theory of Knowledge[M]. New York: Charles Scribners, 1929: 29.
② C. I. Lewis. The Place of Intuition in Knowledge[D]. Cambridge: Harvard University, 1910: 69.

一、基础主义（Foundationalism） 33

识而言是不够的，然而它在知识的建构中却是必要的。心灵不能创造所予也无法改变所予，感觉材料直接呈现于心灵，通过思想活动建构而成为知识。在对所予的论述中，刘易斯接纳了维特根斯坦的思想，他指出所予中的"质"是不可以用语言加以描述的，并且强调其与传统哲学问题以及逻辑学中涉及的"共相"存在很大的差别。"质"是以个体为表现的共相但不是概念，强调只有概念才是共同的，"质"仅仅作为个体经验那种私人的、不可交流的东西，无法用公共语言描述，同时也不能作为概念加以思考。刘易斯强调这种内容具有"不可言喻"（ineffable）的特性。在知识的确证问题上"质"发挥着认知作用，被理解的"质"并不是共相。可见，"所予"被设立为两个标准：一种是典型的标准，基本事实（brute fact）的所予，具体感觉的特点；另一种是确定性标准，具有不可改变的特质，它不受任何形式心灵活动的影响。这种"所予"同"关于所予的思想"是有区别的，它对于没有习得的主体来说都一样，并且这种获得所予的能力不是后天练习而得到的，它独立于主体的经验与心灵的发展。

　　刘易斯反复强调：所予独立于心灵，所予论含有实在论的特征。语义实用主义反实在论，"真"独立于心灵具有实在的特征，概念在此起到实在标准的作用。刘易斯放弃了传统完全依赖于心灵的实在观念，重新审视了心灵与世界的关系，所予拒绝实在论中真与证据的相互独立。所予只是实在的一个要素而不是认知，所予成为他坚持实在论的一种方法。刘易斯后期的哲学思想中，对于所予的看法有所转变，所予成为概念上可理解的即可以描述的表达语言。他放弃了之前所予论"不可言喻"的特征而将其视为对认识主体的"直接呈现",不同之处在于这种所予是"可错的",除去直接经验中那些"看到、听到……"的内容所剩下的就是"所予"。语言表达了所予,使用尺寸形状颜色的词汇,语义涉及所予之间的关系,这种关系使语言最终获得经验意义上的使用,但是所予在本质上并不依赖于语言。经验中"所予"与理解了所予的"陈述"就是知识的基础,它是自我确证的而且"不可错",知识信念的确证最终诉诸非信念的"觉知状态",支撑整个大厦的基础之石仍旧是那些在给予的经验中解释为真的东西。

　　刘易斯的观点倾向于一种"概念实用主义"[①]。这种理论呈现出康德先验论结合实用主义的特征,展现出近代哲学理性主义与经验主义的交汇。所予是知觉的一部分,对知识确证以及知识理论的发展具有十分积极的意义,正是这种独立于心灵的经验试图解决知识论的传统难题。直接的所予能够有效终止寻求理由的无限倒退,同时对所予的理解能够为信念提供辩护,基于所予我们必定得到某些确证的信念,它提供辩护的方式决定着信念的真。如此,物理对象的意义还原为相应所予的陈述,物理对象信念即所予的陈述就是被证实的,为信念提供确证的要素存在于关于物理对象的信念之中,所予就扮演这个重要的角色。我们直接理解所予的感觉内容时意味着关于感觉经验的命题为"真",同时它作为相信某个命题的理由使信念为真。所予的直接理解并非信念,

---

① 李国山.刘易斯文选[C].李国山,方刚,等,译.北京:社会科学文献出版社,2007:69.

而是一种非概念的内容,它在知识中起着最基本的认知作用。在这个基础上,刘易斯承认存在非推论的信念确证,它作为知识的基础依赖于感觉经验。因此,不是所有的确证都是推论性的,所予就是这样一种非推论的知识基础。

(三)基础信念的不可纠正性与知觉来源的不确定性

在基础主义的理论中,知觉从感觉材料得来作为实在的直接呈现,因而无法由思维进行加工以改变其知觉性质。它对认识具有的可靠性犹如"自然之镜"一般,虽然不能保证完全为真,但是能够因果性地对应于外在现实。在这种意义上,所予论在一定程度上靠近现象学理论,其普遍认为基础信念的确证来自关于外部世界的感觉材料,齐硕姆甚至直接把所予论统称为现象论,所予被等同于现象、感受、感觉、印象等。石里克(Moritz Schlick)指出,"基本陈述"被视为一种直接的经验,是对某一事件的直接描述。此外,昆坦的"直觉信念"是基本的、非推论的基础信念,普赖斯把"感觉材料"视为知觉的基础,同样将其作为认识中不可怀疑的部分。这些理论的共同点在于"所予"是理解物质对象的起点,将知识的建构视为源于关于所予的解释,经验知识借助所予而得到确证。因此,知觉信念的自我证成作为一种非推论的确证,在当代知识论中具有特殊的身份。

基础信念的自我确证具有认识的独立性特征,其不依赖于其他信念,因而在认识中具有独立、可靠的地位。在这种意义上,基础信念呈现出"不可纠正的特征"(incorrigibility)。基础主义理论内部可以按照是否具备如此特征再次区分为"强的基础主义"和"弱的基础主义"。强的基础主义主张通过感觉获得知识具有一种不可纠正的特性,换而言之,是不可错的。阿尔斯顿在《内在论的外在主义》中阐释了这种笛卡尔式的强基础主义:基础信念是确定的,基础信念到其他信念的推论关系是演绎的过程,而且这一过程不存在任何错误的可能性。所予论是强基础主义理论的典型,强调认知状态是更为直接的意识,是直觉经验中主体心灵即感觉器官与客体无任何中介的直接接触:客体的呈现(presented)直接面向客观世界。在强的基础主义看来,信念的不可纠正性同时包含自我确证的特征,因此基础信念在确证问题上具有某些特权,除去最基本的不可纠正性,还有不可怀疑性(indubitability)、确定性(certainty)、不可错性(infallibility),具有上述特征的信念作为其他信念的基础并提供辩护。与此相比,弱的基础主义认为基础信念其实是可以被击败的,自我确证支持基础信念可以是"初步确证的信念",也可以说提供确证的是一种相对较"弱"的基础信念。对主体来说,当且仅当他拥有某个信念并且没有反对的理由,信念才获得了初步的确证;相反,当他认为有反对的理由时,信念就是非确证的。反对的理由犹如一个信念的"击败者"(defeater)[①]。就像著名的"缪勒-莱耶错觉"中,目测两条线段似乎不一样长,但是在我们使用尺子测量之后就会放弃错误判断的信念。这充分说明"初步确证的信念"与"可击败的"不是相互

[①] John L. Pollock, Joseph Cruz. Contemporary Theories of Knowledge [M]. 2 edition. Rowman & Littlefield Publishers, Inc, 1999: 37.

对立的关系，而是如同"被证明有罪之前清白"一般在知识确证中发挥着重要的作用。相比强的基础主义，弱的基础主义放弃了这种严格的确定性，认为基础信念本身实际上是"可错的"。

强的基础主义认为，通过内省得到的知觉信念是直接的且不可错的，基础信念免于错误、毋庸置疑并且无法驳斥。然而，基础主义的反对者把与此相关的认知机制讽刺为"如同温度计一般"[①]，指出这种观点的潜台词就是"我们可以正确无误地把握自身的思想内容"。这显然是一个十分荒谬的结论，因为任何有关经验的命题都不可避免地受到修正或是全盘否定，因而都存在被驳斥的可能。下面思考这样一个生活中的例子：假如有一个蓝绿色盲症患者，他并不知道自己的症状，在他第一次看到仙人掌时自然拥有信念："我面前有一棵蓝色的仙人掌。"但是后来他通过某种途径得知仙人掌是绿色的，意味着之前对信念的内省出现偏差。这说明基础信念的不可纠正性实际上是无法实现的，因为信念"是否可错"无法脱离判断的环境，周围环境的不同会直接影响到信念是否出错，而且强的基础主义无法说明怎样从不可错的信念过渡到其他信念。

弱的基础主义对于这个问题似乎更为适切，然而基础信念为真，其他信念可能非真，甚至二者存在冲突。但是，即便基础信念为真，其他信念也可能非真，基础信念还有可能与其他非其他信念以及确证的信念相冲突。基础信念的自我确证意味着它具有

---

① David Armstrong. Belief, Truth and Knowledge[M]. London: Cambridge University Press, 1973: 166.

"不可纠正"的特性，主体拥有一个基础信念而无需独立的理由。同时，当主体拥有某个基础信念，作为知识大厦的基础，这个信念不能既被认知主体相信同时又是错的。从通常的逻辑关系来看，基础信念与其他信念的关系可以是"归纳"的也可以是"演绎"的，传统的经验知识作为与感觉经验发生逻辑关系的结果，基础信念的"不可纠正"涵盖了必然为真的特性，也可以称为基础信念的"常真性"。认知主体在这种关系中作为一位重要的"仲裁者"，这给怀疑主义留下了空间，它似乎意味着只要"相信"就是真的。可是，当出现"S 相信 P，P 为假"或者"P 为真，S 并不相信"这样的情况时，以及在特殊的环境下我们将观察对象弄错的情况下，即便像所予论者那般认为知识基础的感觉材料不必一定是关于某个对象的信念，试图避免错觉的欺骗、异常环境等所导致的差池，对于知觉的确证，基础主义究竟是"被证明清白前有罪"还是"被证明有罪前清白"这一疑问还是始终没有给出确切的答复。

事实上，感觉经验与信念之间不是逻辑关系而是因果关系，因为感觉并非信念，不是以概念术语表达的，因而并不包含命题态度（proposition attitude）。信念源于经验，经验的获得不仅依赖于感官，还包括知觉、情绪、内省、记忆等其他途径。这里可以思考这样一组示例，以探讨这一问题。当我们看到小溪边散落的秸秆，第一知觉是视觉传达一个认知的结果——"曲折"地插在水中，而在伸手去触摸后发现原来这根秸秆是直的，于是我们由触觉最终做出了正确的判断，纠正了之前视觉的认知结果。在同样的情形下，触觉认知的结果也可以被视觉改变。当一个麻将老手在摸到"六筒"时,由于之前的盲摸结果大都正确,因此他断定这一触觉认知的结果再次准确。当看到其他的牌友已经"杠掉"时(没有另外多余的六筒),他思考片刻,纠正了之前的信念,转而认为是"八筒"。可是,这恰巧是他朋友的恶作剧。当他翻开牌面"看到六筒",便颠覆了之前的所有结果,而只相信"眼见为实"。这两个例子中,触觉与视觉都是人类最重要的知觉来源,而究竟哪一种在判断中具有优先性,无从考证。这意味着对于知识而言,无论以何种方式得到的确证的信念都有被再次纠正的可能,即便它的理由是充分的。

倘若基础主义难以说明基础信念为什么自身是得到确证的,就无法说明经验知识知觉来源的相关问题。因此,无论是强的基础主义还是弱的基础主义,面对确证难题都在劫难逃。

(四)确证的两难

基础主义知识理论以基础信念的独立确证作为内核,因而被冠以"终止无限倒退"的名号。然而,赋予这种信念非推理、自我确证的性质是十分武断的举措,基础信念自身的标准以及与其他信念的辩护关系问题上都出现了一种确证的"两难"。这种困难主要表现在以下两个方面。

一方面,经验信念一定存在经验的前提条件,假定的基础信念需要以另一个经验信念确证为基础,这样基础信念就与其限定条件存在矛盾。我们先假定存在经验信念这样的基础信念,它满足于不以其他信念作为基础的自我确证,暂且可以称其为知识。

信念需要辩护的理由而且认知者需要能够把握这个理由，把握理由则意味着以某种方式相信该信念为"真"，基础主义的问题之一就在于这恰恰是一种以确证作为前提的预设，基础信念这样的经验信念实际上根本就不存在。如果知识体系轻易接受这样具有特权身份的信念；似乎就意味着每一种信念都可以加上某种特权的标签，这就等同于变相在说"我们不可能获得任何知识"。

另一方面，如果基础信念与其他信念之间是一种推论关系，倘若基础信念作为知识"不动的推动者"[①]是一种独立的认知，它如何借助推论传递信念之间的辩护关系？逻辑经验主义认为：科学知识系统的语言系统分为"理论语言"与"观察语言"两部分，其中一部分是"直接所予"，其他的理论由语言构成。比如，"表征"类知识由理论语词与理论陈述构成，其可靠性在于对应规则还原为观察语词与陈述。逻辑经验主义将所予解释为主体直接经验的观察陈述、语句的记录，科学知识的可靠性在于这种陈述可完全翻译为包含所予名词的观察陈述。这种方式将科学知识以公理化的方式处理为形式语言系统，"所予"作为语言系统中的观察语言，推论性知识作为理论语言，二者之间主要以归纳的逻辑关系相关联。在处理辩护关系的问题上，逻辑经验主义发展出一种"意义证实理论"，强调语句成为知识必须具有某种意义，其标准就是能被经验证实。这种解释呈现出"现象主义证实的意义理论"，知识的基础被观察直接证实，它是知觉经验当下直接把握的意义，

---

① Roderick Chisholm. Theory of Knowledge[M]. Garden City, N. Y. Anchor Books, 1970: 330.

是一种关于感觉状态的报告。然而,许多形式的陈述无法翻译为逻辑初始语言,非所予知识的可靠性无法得到保证。蒯因在《经验主义的两个教条》中指出,观察陈述独立表达的意义是在彼此依赖相互促进中生成的,否定了逻辑经验主义意义证实理论中的还原论,要求以整体论的观点重新审视知识。其中,"观察渗透理论""信念决定知觉""理论污染观察""观察负载理论"以及相关论述都将矛头直指传统经验知识,指出作为观察者,主体关于某事物的现有知识决定了对这一事物的观察。此外,图尔敏(S. Toulmin)、汉森(N. Hanson)、费耶阿本德(P. Feyerabend)、库恩(T. Kuhn)等人,以同"范式"(Paradigm)的旨趣批判所予论。这种批判暴露出传统经验知识自身无法自圆其说的矛盾:所予不能既是"认知的"又是"无须确证的"。正如塞拉斯做出的论断:所予是一种神话。①

二、一致主义(Coherntism)

(一)信念间相一致的确证

"回溯论证"的问题就像引发传统经验知识理论爆炸的导火索,随着基础主义理论的发展,对其质疑与反对的声音相继出现意味着知识确证及相关问题再次陷入僵局。一致主义从信念系统内部入手,试图以信念间的相互关系确证走出这种困境。

---

① 本书第三章细致阐释了塞拉斯对"所予神话"的批判,因而此小结不再赘述。

一致主义知识理论以替代基础主义经验知识的初衷而产生，以追求信念间内在的相一致而得名。经验信念的确证不能无限延伸，同时非推论的确证又面临很大的难题，于是一致主义诉诸信念间的相一致处理知识的确证问题。因此，当代哲学在知识理论立场的表达用语中，一致主义与融贯论两个名称经常被交互使用。"如果一致性是对真理的一种检验就与认识论具有某种直接联系，因为我们有理由认为我们的很多信念与其他信念是彼此一致的，而在这些场合下，我们便有理由认为我们的很多信念是真的。"[①]其中，"一致"可以理解为"蕴含的相一致"，也可以理解为"解释的相一致"。一致主义同基础主义都属于内在主义知识理论的分支，不同之处在于一致主义否认确证需要某种基础。在对确证问题的处理上，蕴含的相一致即信念间的相容性（consistency）。作为一致的必要条件，"相容"指在逻辑上信念间的关系必然一致，呈现一种"完全的"（complete）或"全面的"（comprehensive）状态。如果一个信念添加到某个系统达到一致，那么这个信念的添加便使其更加"全面"，信念系统也可添加这个信念而达到"完全"，但是信念却未必与系统达成一致。相容性与完全性、全面性并不能全然体现一致主义的要旨，一致主义认为信念间应当以某种特殊的关系相联系而达到一致。这里，一致主义提出蕴含关系（entailment）：P蕴含Q，当且仅当已知P真则Q必为真。信念系统中不存在随意性的命题，所有命题都处于彼此蕴含的关联之中。

---

① [美]唐纳德·戴维森. 真理、意义、行动与事件[M]. 牟博，译. 北京：商务印书馆，1993：165.

那么,"一致"意味着涵盖了以下三个条件:一致性的条件、完全性的条件以及蕴含性的条件。一致关系是信念间的必然关系,充分一致的信念系统不可能包含 P 的同时否定该信念,二者在逻辑上通常也是一致的。

一致主义理论将知识理解为一种本质上是"负责"的行为,突出了主体对认知事实的"把握"。信念间的相互关联倾向于洛克所阐发的"义务"观念,在这里遇到一个难题:似乎没有任何主体能够完全明了地把握自身整个信念系统。对此,一致主义者指出,对于信念系统的把握可以是"不可言喻"的,更有甚者因这一困难重返基础主义。这里,一致主义以内在视角出发重新审视信念理由,确证就类似于我们"相信自己把握这一信念"的预设,辩护的单位是整个信念系统。在某个特定的经验信念的系统中,倘若主体认识到了一致性,即意味着他对信念系统把握的要求依赖于某个"信念假设"而不再是确证。传统经验有两种——内在片段(episode)与非推论的认识事项(items),前者是意识(经验)具有知觉能力的生物所具有的,后者才是包含知识的意识,依据经验做出某种断言,因此具有命题结构的形式。也就是说,我们关于世界的信息全部都包含在信念中,我们只有在信念中才能确证。

一致主义者在理论发展过程中进一步修正、完善了蕴含的概念,提出一种"低标准的一致的融贯"。信念系统随着增长的改善,同时由于包含信念的增加而一致,但是这种增加并不完全意味着增强了完全性。因此,完全一致的系统是不现实的,蕴含的一致定义存在着自相矛盾的结果:没有任何人的信念是完全一致的。

从整体论的角度来看一致性，系统决定了 P 与 Q 的意义，同时决定了二者的关联程度。这种一致同原子论的一致主义蕴含是相背离的，进而一致主义由此演变为相互蕴含的概念对于完全确证是既不必要也不充分的。这里存在两个问题：其一，在信念系统中每个信念都可以是对信念系统的否定，那么就会产生融贯但是一致否定的错误结果；其二，我们可以得到两个没有任何关系却分别得以确证的信念。比如，我们认同经济学中的"木桶理论"，也赞同并使用数学的"拉格朗日中值定理"，二者都存在于我们的信念系统，但是并非相互直接的关联。木桶理论并不是由拉格朗日中值定理推导得来，似乎蕴含在确证中并不具有必要性，原子论以蕴含理解一致的方式受到了严重的摧毁。对此，一致主义做出了进一步的说明，解释了为什么一个信念与其他信念的相融贯能够确证。同样，逻辑上的矛盾也不能完全说明两个信念必然不是一致的，因而需要重新阐释信念的融贯确证。

解释的一致性兴起于 20 世纪 60—70 年代，以"解释"概念取代了"蕴含"概念，解释在于以一种特殊的方式使某物对于主体可以理解。塞拉斯、蒯因、哈曼等哲学家都在不同程度上支持解释的一致主义，内格尔是这种理论的典型代表者，他将信念系统定义为一致、完全的与相互解释的系统，随着信念的增加，系统不断扩大，系统中的内容得到相关于其中每个内容更好的解释。由此，一致主义者追求"最佳解释的推理"，指出物质对象的存在是关于感觉质料的最佳解释。我们有理由说知道某种事物，如此相关的信念得到确证，它似乎认为感觉材料确证信念的难题可以通过解释的一致性得到解决。这样，完整性的定义被一致主义所抛弃。我们无法对一种解释有完全清晰的看法，只是尽可能无限地接近它，并且重新强调了一致性是系统的一致而非信念的个别属性，蕴含理论显然无法做到这一点，使一个信念得到确证的就是它在系统中的解释作用，它可以单独地解释或被解释，也可以同时共同作用。解释的一致性要求既要去解释也要被解释，信念的确证是由"解释"或被解释组成的。

笔者认为一致主义知识理论的核心要素及理论特点大致可总结为以下几方面[1]：信念是融贯系统中的组成要素；确证信念系统满足观察要求；关于信念元素的确证，这个系统必须在某一特定时刻一致，并且是长期一致；通过反思与内省"掌控"满足条件的信念系统。

（二）整体主义的相融贯

20 世纪 60 年代，唐纳德·赫伯特·戴维森（Donald Herbert Davidson）基于语言哲学与真理问题的相关研究建构了著名的"戴维森纲领"。

戴维森受到著名分析哲学家蒯因的影响，深刻批判了传统经验论，此外他的理论与弗雷格以及塔斯基的语义理论都有密切的关联，他对语言哲学相关问题的主张中呈现出明显的整体论倾向。

---

[1] 参见：Externalist Theories of Empirical Knowledge, Externalism / Internalism, Can Empirical Knowledge Have a Foundation?, Classical Problems and Contemporary Responses, The Structure of Empirical Knowledge, The Dialectic of Foundationalism and Coherntism.

其中，弗雷格在 1982 年发表《意义与指称》一文，指出指称作为意义所指的对象，意义是达到指称的途径，意义的途径论是影响近代语言哲学发展最重要的观点之一。对此，戴维森认为："弗雷格区分意义和指称，本来是为了解决等同问题，不是为了发展一种意义理论。但他已经认识到这一区分对一般语言理论具有重大意义。他自己在对概念词、句子以及直接引语和间接引语进行逻辑分析时广泛运用这一区分。这一区分也被后世所有意义理论都加以考虑、运用并发展。"[1]塔斯基的真理语义理论为戴维森提供的理论基础，在《形式化语言中的真理概念》一文开头就明确说道："本文几乎全部是献给一个问题——为真做定义的。它的任务是针对一种给定的语言，建立一个实质上恰当的、形式上正确的关于'真语句'这个词的定义。"[2]同一时期，卡尔纳普、罗素、维特根斯坦（早期）都试图从逻辑角度阐释意义，通过对分析哲学语义理论的改造，试图在自然语言系统内构造出能够保证一切语句为真的逻辑真值条件。"但是在戴维森的时代，各种追求真的意义理论都不同程度的受到挑战和质疑，同时也不断暴露出自己的弱点，这就为戴维森从新的视角去探求意义通达真的途径提出了要求。"[3]

戴维森的整体论立场主要体现于对概念图式同经验内容关系

---

[1] 陈嘉映. 语言哲学[M]. 北京：北京大学出版社，2006：86.
[2] Tarski A. Logic, Semantics, Metamathematics[M]. Oxford: the Clarendon Press, 1956: 152.
[3] 张妮妮. 意义，解释和真：戴维森语言哲学研究[M]. 北京：中国社会科学出版社，2008：56.

这一问题的解释上。"心灵如何与世界相关"是传统知识理论以及所有认识论的探讨都无法回避的难题。概念图式和经验内容是认识中的两个独立元素，而且概念图式是相对于经验内容而言的，这种传统二元思想遭到戴维森的摒弃。"如果要按照我所提议的那种方式，从真理理论中得出形而上学结论，那么研究语言的方法就必定是整体论的。"① 他以整体论批判"概念相对主义"，概念图式与经验内容本来就是一个不容分割的整体，概念图式中表征的信念、欲望、诉求等知识，在另一个概念图式中没有真正的对应体，因而"实在"是相对于概念图式而言的，这意味着在某个概念体系中被视为实在的东西在其他概念体系中或许并非实在。戴维森看到概念相对主义的自相矛盾，既主张一个观点当且仅当处于可以描述的坐标系才有意义，同时又认为这个共同坐标与那些显著不可比性的论断相抵触。因此，他为概念之间的区分提供了划定从而避免上述矛盾。相对主义者认为：不同的概念图式之间不可通约。与此相反，戴维森认为应当把概念图式和语言联系起来进行考察，概念图式有怎样的不同，语言就有怎样的不同。不同的语言可以表达同一概念图式，通过分析不同的语言结构从而揭示概念图式的异同，倘若两种语言能够达到互译就表明二者具有相同的语言结构。因此，是否拥有相同的概念图式取决于两种语言是否能够互译。其中，互译区分为两种：一种是完全不可互译，另一种是部分可翻译。前一种指语言任何范围内有意义的语

---

① Davidson D. Subjective, Intersubjective, Objective[M]. Oxford: Oxford University Press, 2001: 119.

句都无法翻译为另一种语言,即完全不可翻译;后一种指一定范围内的语句能够被翻译成另一范围内的语句,即部分不可翻译。他区分的目的意在说明,如果某种语言无法完全翻译为另一种语言,则翻译不能称为语言,即便部分可翻译。这里,蒯因对分析命题与综合命题进行区分,概念图式与经验内容的二元模式思考方式受到戴维森的深刻批判,也就是他所谓的传统经验主义的"第三个教条"[①]。然而,戴维森并未完全放弃经验内容,认为语言的确有经验内容,其本身就是依据事实、经验世界、感觉等来解释的,主张知识理论放弃了图式与世界的二元分立但并非因此放弃世界。信念与经验存在某种特殊的关系,信念与其实在相关联,实在的指称能够使主体选择信念系统。"而戴维森既不将意义看作主观的东西,也没有抛开主观的因素去单纯诉诸于客观外界。他强调用客观事实去判定意义。正是有机的通过人的因素将语言和客观现实联系起来,戴维森将语词放到句子中,将句子放到语言中去考察意义,使得他能够从全局入手考察意义的本质。"[②]我们不会在事物对我们的显现的存在方式上出错。我们的感觉是确定的、不可错的,而且由感觉所引起的信念将信念与世界相关联,由此这种感觉即我们确实意识到的内容得以作为确证者,并将其作为信念的基础和依据。

整体论的方式区别于传统语义学,主张先处理复杂的表达式,

---

① Davidson D. Inquires into Truth and Interpretation[M]. New York: Oxford University Press, 2001: 189
② 徐冻梅,高兴梅. 对戴维森的意义理论的评述[J]. 安徽工业大学学报(社会科学版), 2005 (4): 65.

二、一致主义（Coherntism）

再从中抽象出那种组成表达式各个部分的语义特征，从而避免传统理论所出现的"无指称的实在"。"这种程度的整体论已经隐含在这样一种建议当中，这就是，必须从一种适当的意义理论中衍推出一切形如's意谓m'的语句，它在原则上能说明一切语句的意义。"[①]传统哲学中认识主客的二元对立造成了知识、语言中的许多难题，戴维森认为认识主体与认识客体的存在之外，有第三个认识要素——"解释者"，它外在于第一人称、自我、心灵与世界实在，解释者作为一个第三人称认识是不可缺少的要素，由此便形成了由"言说者""解释者""语言环境"三方所构成的"三角构架"（triangulation）的整体。"没有'我'，没有'说话者'这第一个人，解释就失去了对象，解释行为也没必要进行；同样没有'你'，没有'听话者'这第二个人，解释就失去了主体，解释行为就无法进行。所以，解释就是交流，交流需要解释。"[②]一般的情况下这种结构包含两个或更多的参与者，他们之间相互作用的同时与其共享的世界产生作用，"三角构架"特指三种彼此作用的结果，其中的两种分别源于两位主体的不同视角，而其中每一个主体与世界产生作用的同时又与另一个主体相互作用。第一人称的权威视角即从心灵、自我的存在出发。戴维森强调当一个人把心灵内容归结为话语"我感到""我相信""我期待"等的时候，展示出自身作为认知主体的"自我归因"（self-ascription），认识主

---

① Davidson D. Truth and Meaning[M]// Davidson D. Inquires into Truth and Interpretation. Oxford: Clarendon Press, 1984: 22.
② Davidson D. The Second Person[M]// Davidson D. Subjective, Intersubjective, Objective. Oxford: Oxford University Press, 2001: 107.

体（言说者）表明"知道……"是把某种信念态度归因于自身，区别于建立在证据、观察基础上的知道而具有一种自我归因的"权威"。主体能够使用语言进行交流，就拥有了关于世界的共同看法，他强调这种看法在很大程度上为"真"——"宽容原则"（the principle of charity）。当被说出的语句为真的主观性条件，这一原则告诫我们在解释说话者时，认同其持有真信念即最大限度设定解释者和被解释者的一致。只有同时具备被说出的语句为真的客观性条件，语言意义才得以作为交流中共同的东西，其意义才可能为真的被解释者所理解。我们共同使用一种语言，就拥有了一幅共同的世界图景。主体间的世界这个概念本身关乎客观世界的概念，它是每一个交流者都能对其具有信念的世界。这种知识理论本质上是一种融贯论，它是作为真理符合论而提出的，因而与基础主义的所予论具有重要的联系。符合论认为，经验的观察报道是不错的，直接的感觉经验反映了事实，其他陈述的真值可与感觉经验的逻辑关系相对照而确定。然而，这种观点产生了大量的反对意见。"一个感觉与一个信念之间的关系不可能是逻辑上的关系，因为感觉不是信念或其它命题态度。在这种情况下，这是什么样的关系呢？我认为，答案是显而易见的：这种关系是因果关系，感觉引起某些信念作为其基础或根据。但是，对一个信念的因果解释并没有表明这个信念被辩护的方式和原因。"①我们将信念、判断、陈述

---

① [美]唐纳德·戴维森. 真理、意义与方法——戴维森哲学文选[C]. 北京：商务印书馆，2008：344.

二、一致主义（Coherntism）

与其对照并通过感觉经验传达，其中与整个信念及经验的整体对照实际并不可行，感觉经验作为中介所传递的信念并不一定准确，导致其再次陷入怀疑主义，感觉只能为自身的信念辩护。戴维森否认对照性，认为感觉经验与信念的真值并无关联，因此不能成为知识的理由。

戴维森以解释理论为依据突出了主体间性的作用，只有在言说者与解释者共享语言环境时，语言交流才得以进行，才是真正的"认识"。对知识而言，言说者及解释者依据共同语言环境获得有关说话者话语内容的经验论据，从而推断言说者所表达话语的意义，以此方式考察了三种知识：关于我自己心灵的知识、关于外部世界的知识、关于他人心灵的知识。其中，关于我自身心灵的知识最直接，因而这种"我思""我欲""我求"的内容最具稳定性；关于外部世界的知识则取决于感官经验，无须求助于证据。这种因果性的使主体产生关于外部世界的信念的方式通常意义上被视为"不确定"的，但是知觉所引起的知识由"我"周围的对象、事件所产生，相对于"他心"，知识仍具有直接性，我们只有通过观察、判断、推论甚至是猜测才能获得关于他人心灵的知识。

我们关于自己心灵的知识是首要知识，由此派生出关于外在世界的知识，再通过对他人行为的观察延伸至他心知识。"我们有三种不同的，不可还原的经验知识类型，我们需要有一个整体的图像，它不仅能够涵盖所有这三种知识，而且有助于对它们之间的关系做出解释。没有这样一个整体图像，我们就会深深的困惑于我们如何以这样的三种不同的方式去认识相同的世界。"①三种不同类型知识的共同之处在于它们都涉及同一实在的不同方面,三类知识如同一个三角形的结构一般(缺一不可),以不同的方式到达实在构成知识的整体。

(三)"独立理证异议"与"多样化异议"

一致主义在经历自身的发展之后扩展出与基础主义全然不同的确证理路,对知识信念的辩护方式更为复杂并具有独特的理论优势。但是,一致主义的确证问题却愈加难以解决。

一致主义反驳基础主义对"回溯论证"的看法,指出所谓的"无限倒退"实际上是"有限"的,彻底否定了基础主义的"自我确证",认为根本不存在非信念确证这样的东西,只有某人拥有信念的理由,该信念才得以确证。如此说来,除非主体认识到这些理由,否则便不能称自己"有理由",这种关于认知主体对自身信念系统自觉把握的设定能够回击外在主义理论的反驳。那么,既然一致主义认为能够解决无限倒退问题的基础信念不存在,这就意味着它需要对如何解决确证问题给出更为合理的方案。一般来说,基础主义把确证划分为两层——推理的确证与非推理的确证,这两种确证都是单向的非对称关系。于是,一致主义取消了这种信念的等级区分,将确证的方法诉诸信念如何与信念系统相融贯,信念的辩护取决于认知主体信念的一致性,其独特之处就在于所

---

① [美] 唐纳德·戴维森. 知识的三种类型[C]//真理、意义与方法——戴维森哲学文选. 北京:商务印书馆,2008.

有的确证都是对称关系。然而，似乎永无止境地追求一致导致再次涉及循环推理，它隐含地表达了确证的前提为"自身必须已被确证"，这意味着确证的过程不是独立进行的，结果是我们无法得到任何知识。

一致主义以整体的信念体系作为信念间的推论关系解释作为辩护的方式来解决这一问题。整体的相融贯体现在信念间的相互联系是凭借它们的从属关系（membership）而得到确证的，从而摆脱了循环论证。纽拉特将一致主义的确证比喻为"知识之船"，我们如同与船一同漂泊于汪洋的水手，不可能彻底把船拆散，而是在航行中不断地将船翻修，它并不能固定为某个确定的基础。蒯因称其为"信念之网"，这里他特意强调了信念的网状结构（web of belief），他将信念系统视为类似渔网、蜘蛛网，我们的每个信念犹如网上的一个节点——相互支持且相互联结。单一的信念就像一块拼图，需要同其他信念的组合关联，其独自存在并没有什么意义。因此主体明白应该将它安置于哪个位置并且自身持有这样做的理由，能够说明为什么这个位置属于它且需要它。当把这些信念拼接完整，知识图景便开始形成，信念的意义也随之明了。这样的信念结构在体系内部不存在任何的特权信念，信念间没有上下级的区分。认知开始于信念，且二者之间是一种不断内在深化的持续过程。信念系统本身确定了如何修正，我们无法抛弃所有的信念从零开始，修正同样需要依赖于某些东西才能进行，最终达到信念整体系统的相融贯。

逻辑的相一致是融贯论的核心。然而，对于这种一致的系统究竟有多少种类，一致主义知识理论并没有明确的限定。这种问题突出表现为"多样化异议"（plurality objection），倘若主体只寻求一致而将信念置于封闭的系统内部，在一致但不相容的信念系统之间进行选择，那么所有信念的内部确证都似乎没有合理的根据，只是在同样的相融贯的系统做出随意的选择，问题是可以有许多无限数量的信念满足融贯这一标准。更加荒诞的是我们甚至可以虚构出这样的信念系统，就像撰写一部长篇推理侦探小说，结局中所有的证据都指向一个令人信服的结果，小说的过程极其复杂且严丝合缝，但是不可能有人将它奉为知识。一个好的确证理论必须能够选择信念系统，否则就无法将理性信念与推理小说区分开来。同样，我们可以依照一个真理制造出一个完全否定的信念系统和与之完全相反的悖论，信念间的关系依然相融贯。近代哲学"可能世界"的假设同样表达出对这种弊端的担忧，内在的一致可以在理论上建构无穷多世界的可能，尽管可能世界与我们实际生活的世界不同，但是依然可以给出相一致的描绘。显然，内在的相一致无法只确证其中某一个同时反对其他。这里，一致主义对多样化的异议提出了自己的辩解，指出其忽视了一致主义的"解释关系"的强调，试图以此说明"多样化异议"是无害的，声称在我们信念的形成中还存在着其他的要素，不仅仅是理由的本质产生影响，还会受到其他因素的背景的影响。然而，这样的反驳并不被接受。信念由于所解释的内容而确证，其他信念由于被解释而得以确证。S 接受 P 当且仅当 P 与 K 的信念系统同其他的信念系统一致。这里随之产生了一个问题：怎样的信念系统能

二、一致主义（Coherntism）

够达到解释一致性的最大化？信念是否可能与无法建构的信念系统相一致？我们是否可以由此而假定系统 K 是 S 理解信念解释一致性最大的系统，结论一致与解释联系紧密是错的，对于解释概念的认识分析导致循环论证，而且诉诸信念间的解释关系确证是一种非充分的关系。比如，我们可以制造无数个与信念的解释关系"相恰"的系统。信念间除了一致，没有其他任何依据，获得真理只需要信念解释的相一致，一致主义的确证方法仅仅是看似有效，实际上根本无法实现。

外部世界对信念系统的输入是知识的保证，认知能力与世界的关系说明了信念何以为真，如果信念系统不受外在影响，就无法反映出关于世界的经验知识。那么，究竟认知以何种方式受到了世界的影响？信念系统失去与外在世界的关联是众多知识理论共同面临的困难，这一问题反映了确证与世界的相隔离。依照这一特点，这一问题通常被称为"独立理证异议"（independent warrant objection），也被称作"输入的独立问题"（input of isolation problem）与"隔离异议"（isolation objection）。在一致主义的知识理论中，"相融贯"实际上无法作为某种确证标准将真正的"感知"与幻觉、错觉、梦境等精神现象区分开来，一致性不可能是信念"真"的来源，而且它完全剥夺了非概念的经验内容。笛卡尔的"恶魔假说"认为世界没有天地万物，我们关于它的感觉是由一个强大的恶魔用它的力量欺骗我们而产生的。普特南缸中之脑的设想也让我们看到，一个人关于某物的感觉如它所显现这般，而外在世界并非如此这般。如此，即便它与外在世界相一致，也仅能说明是一种巧合,并不能说明经验在确证中的作用,信念的确证似乎意味着只要叙述没有矛盾而自圆其说,像推理故事、童话、小说都可以荒诞地成为知识。

一致主义难以说明观察内容如何与信念系统相结合,问题在于认为单纯从主体与信念之间的关系就能确证,这样狭窄的确证路径致使一致主义无法从理论自身达到完善。

(四) 真理的不确定性

任何一种知识理论都要说明知识的确证如何最终达到真理,知识的确证与"真"在认知上如何实现最根本的内在关联。我们接受"好"的理由持有某个信念,确证是我们获得真理的手段,知识理论的任务之一就是对确证与真理之间的适当关系予以说明。尽管一致主义的确克服了许多基础主义无法克服的困难,但是从保证知识的客观性角度来讲,一致主义面临的困境似乎比基础主义更加难以处理。

在一致主义的理论中,通常情况下相互依存的信念有一个潜在的约定:主体的信念理由在支持一个信念时,同时被认定其肯定了理由信念的合理性,也就是说有理由认为"真"。知识具有一定的合理性,我们在认知中具有一定的义务即持有一种对知识负责的态度,当证据不足的时候不会"相信",而且即便无法保证所有的认识信念全部为真,至少会以负责的认知形成信念。当主体拥有信念为真的理由时才能接受这个信念,S 有理由接受 P 就相当于 S 对 P 的确证。那么,这种确证是如何做到的呢?知识的可靠性源于这种信念间的关系,主体以负责的方式保证信念的真。一致就是信念良好地组合在一起,从而形成一个联系紧密的融贯体系,它的魅力在于即使主体不能保证所有信念都是真理,也可以诉诸在在某种范围内信念达到一致。

一致主义强调知识的观察要求,能够持续吸纳新的内容与信念系统相融贯并且与独立的外在实在相符合,从而提供最基本的理由使我们的信念为"真"①。其中,以"最佳说明推理"寻求理解对象的理由,在解释"他心状态"上又向前迈出一步。同时,这种理论对于记忆、知觉、归纳都能做出确证的阐释,通过我心与他心的比较,对关于他心的信念做出最佳解释来确证,显示出方法论上的优势。这种理论一方面需要说明确证标准,另一方面要提供元确证(meta justification),如果以"真"作为知识的标准,元确证就是"标准的标准"②。然而,一致主义的理论知识依然停留在确证标准这一层面,"元确证"实际上很难被发现。这就给怀疑主义提供了可乘之机,它意味着一致主义说明在确证的基础上接受信念就可以得到"真"的结果。这种观点导致知识确证被迫接受"真理的一致主义"的主张,将真理直接等同于长时间的确证。一致主义者把真理融入一致体系,经验确证同真理符合说相结合并且以此说明信念包含了来自世界的内容。戴维森认为一致就是对于"真"的检验,它与认识具有最为直接的联系。通常情

---

① Laurence Bonjour. The Structure of Empirical Knowledge[M]. Cambridge, MA: Harvard University Press, 1985.
② Laurence Bonjour. The Dialectic of Foundationalism and Coherentism [M]// John Greco, Ernest Sosa.The Blackwell Guide to Epistemology. Oxford: Blackwell Publishers, 1999.

况下，主体认为自己的大多数信念同其他信念相一致，即我们有理由视其为"真"。那么，一致本身又如何作为"真"的依据呢？如果按照一致主义知识确证的真信念，信念与其他信念相一致显然增强了真的可能性，但是这种方法的弊端是它依然在求助于其他信念，它要求只在信念系统之内得到支持，而系统之内尚未有确证的方式，这便再次步入怀疑主义的漩涡。

"元确证"是问题的关键。首先，"S 知道 P"，P 满足确证的条件。这种方式要求 S 拥有 P 确证的元确证，那么 P 确证的标准就不是它成为知识的充分必要条件，元确证出现了无限倒退的循环论证。阿尔斯顿在《知识论中的层级混淆》一文中指出，邦久将"确证标准"同"表明确证标准是真理指向"相混淆。事实上，二者相互关联但并不能完全等同，"确证"与"表明确证"是不可化约的。人类作为认知主体，可以在没有理智与语言能力的情况下确定某个信念，可见确证事实并不依赖于某项确证活动。那么，即使一致主义的经验信念系统与外在的实在相符合，也未必能表明信念系统内所有信念都为真。信念系统的确反映外在世界，而一致主义却完全脱离于这种"反映"。如果经验信念系统的确证都难以得到保证，更何谈其真理性呢？信念能够被确证为"真"，恰恰在于它正确地展示了世界的如此这般，就像我们的感官经验，确证应以外部的影响（influencing）、缘由（causing）、作用（impacting）等使认知主体拥有信念内容以及非信念的精神状态。一种完善的知识理论应当满足认知系统的内在要素有一部分是关于世界的认识。

二、一致主义（Coherntism） 59

　　基础主义将感觉等同于信念，融贯论则诉诸感觉与信念系统的一致，二者都将主体的内在心理状态作为知识确证的主要依据。然而，这种唯意志论的辩护的条件使我们的信念大打折扣，原因在于它将辩护因素限定为意识状态，使所有信念都成为被有条件的证明。这种做法忽略了认识的合理性实际上不仅仅由我们的信念所决定，而且同知觉紧密相关。在知觉中我们往往直面客体的物理属性，极少去关注究竟如何呈现，它通常不会引起关于感知的信念，基础信念这种内容实则并不存在。融贯论由反驳基础信念而出现，遗憾的是它错误地拒绝了所有非信念诉求。知觉是获得知识的重要来源，信念的辩护并不能只诉诸知觉信念，而应部分地取自知觉自身，将二者都作为有效的认知资源。传统知识确证的弊病就在于知觉经验与信念理由的分立。

第三章 社会性与规范性转向

20世纪30年代,知识理论背离诉诸心灵状态的内在辩护,转而向外在寻求可靠的保证,关注主体认知机制的可靠性。戈德曼强调外在对象与心智之间的因果关系,将这种可靠的关联作为获得知识的充分条件。在此基础上,以概率为基准的知识以及可靠主义的完善理论阐发了外在主义非自明的确证。与此同时,塞拉斯指出感觉材料不能同时满足知识基础的独立性与有效性,对"所予神话"的批判彻底瓦解了传统经验知识,心理主义唯名论强调知识内在于逻辑理由空间,感知经验无法脱离概念的介入发挥其认识作用,阐发了一种关于知觉的社会性语言理论。知识的再建构突出了认识的社会性与规范性的双重维度,对当代确证理论的发展产生了重要的导向作用。

一、外在于主体心灵的知识确证

（一）因果关系的可靠性

20 世纪初期，传统经验知识拘泥于内在主义的确证难题裹足不前，外在主义的知识理论兴起并得到广泛关注。戈德曼（A. L. Goldman）摒弃了内在心灵状态的辩护，转而向外在寻求知识的可靠保证，他认为："可靠主义是解决知识确证的有效方式，只有通过可靠的过程所产生的真信念才能被称为是真正的知识。"[1]

信念的"可靠性"最初是为了应对传统知识难题而提出，即满足知识三元定义的同时避免内在主义信念确证的冲突、盖梯尔难题与怀疑论的责难。知识由"可靠的"认知能力所产生，一个信念得到确证而成为知识，当且仅当信念产生于主体可靠的认知过程或认知机制。这一条件可以有很多的理解，比如"保证的信念"（warranted belief）、"认识上的合理性"、"认识上理性的信念"以及"可信赖的"。事实上，以上对可靠概念的不同理解都旨在突出知识论的核心问题：信念的确证性。其中，"因果关系"作为满足"可靠性"的重要手段，在外在论不同的发展阶段都受到了特别的关注。戈德曼最早在《知识的因果理论》一文中提出了可靠主义最原始的理论形式：因果理论的可靠主义[2]。面对长久以来怀

---

[1] Goldman A. I. What is Justified Belief? [M]// Pappas G. S. Justification and Knowledge. Philosophical Studies Series in Philosophy, 1979 (17).
[2] Goldman A. I. A Causal Theory of Knowing[J]. The Journal of Philosophy, 1967(64): 357-372.

疑论对知识的责难,他把"错误"产生的可能分为三种:认知能力的可错性、心智与对象关系的可错性、证据间逻辑关系的可错性。①其中,感觉与推理都可能发生错误,认知的根本在于把握心智与对象的关系,而非对象自身,认识就是解释主体如何形成某个关于存在物的观念。这里,如果心理现象仅为认知主体所有,那么何以解释关于他人心智的信念怎样形成?戈德曼对这一问题的回答受到休谟的启发,他否决所有心理假定并以知觉作为媒介,突出外在对象与心智之间的因果关系,并将这种特殊的关联作为获得知识的充分条件。于是,信念的确证实现于"被相信"的事实同信念之间的因果关联,心智以一定方向达到对外在世界的感知,知识的条件转换为探究对象与心智是否处于恰当的因果关系中。可见,可靠主义并非完全排除传统知识的确证理路,因果关系依然是一种认识过程而使信念直面外在世界,以此便得以解决对象与心智转换的难题。这种确证方式逐步成为外在主义知识理论确证的范式。

对于知识的确证难题,阿姆斯特朗认为最重要的解决方式是寻找到"真的非推论的信念"得以成为知识的可能。信念状态与使其为真的外在情境间具有某种关系,也就是信念主体同世界之间的关系。他指出:"S 相信 P"与"P 为真"之间是一种"规律"(law)联系,正是这种关联起到了确证的作用。②"温度计"在一

---

① Goldman A. I. Epistemology and Cognition[M]. Cambridge: Harvard University Press, 1988: 29.
② David Armstrong. Belief, Truth and knowledge[M]. London: Cambridge University Press, 1973: 157-170.

些特殊的情况下显示与实际温度不一致，通常数字显示与实际温度一致的情况下还会出现两种情形：一种是温度计坏掉了而显示恰巧与实际的温度相符，它实际并没有成为知识的真信念；另一种情况是正常显示外界的温度，如非推论知识一般信念状态与使信念为"真"的情形实际是两种"殊相"之间规律的关联。所谓的"规律"大致就是以上两种情况的概括。那么，温度计是否正常工作，以及在正常工作的状态下处于某种特殊条件是否依然具备可靠性？阿姆斯特朗借以"温度计"的类别说明非推论的知识。对于信念而言，这种规律可以通过科学方法加以解释，观察实验产生"事实"的虚拟条件，比如当环境温度不是 T℃显示即非 T℃，因此当 P 并非如此它就不是 S 所相信的 P。内省与知觉作为最具代表性的认识关联，同时也是确证的两种主要方式，信念通过关联过程得到确证进而成为知识。对于这样的观点，戈德曼认为：信念与事实的关联独立于主体，这种关联并非因果关系，而是本体的关联。可靠主义"外在"辩护的特征就在于它强调信念的状态与相关条件存在某种特殊的关系，一种与心理过程相一致的规律的关联。

事实上，阿姆斯特朗的规律关联与戈德曼因果理论的确证都做出了对无确证条件的突破性尝试，这两种知识理论建构都区别于传统的确证方式。同时，对于信念产生原因的作用与意义的探究显然是可靠主义理论所涉及的内容。这里有以下两种情况："认知主体的心理过程所引起的信念事件"与"信念间的因果关系使一个信念成为知识"，知识的产生过程与其他的过程如何做出区分是因果理论的可靠主义需要解决的问题。换句话说,如何使一个因果过程相对应于与其相关的知识?以及在非理性的情况下,因果过程所产生的信念可否视为知识?对此,戈德曼把因果理论融入知识的条件之中:S 知道 P,当且仅当 S 相信 P;P 为真;S 相信 P 源于使 P 为"真"的事实,即因果性形成与保有。因果理论的可靠主义诉诸心智对客体的把握能力解决知识论的相关难题,以此为信念提供了可靠的保证。但是,这种理论似乎意味着"S 知道 P"在某种意义上暗含了条件——S 对 P 的认识不可能是错的,这样导致能够被知道的内容十分有限。于是,戈德曼以分析为手段来应对怀疑问题,信念的确证被认定为"相信"的命题比其他命题得到了"更好的解释",要解释的东西作为一种证据的支持在解释系统中得到理解。对此,知识外在主义曾出现过另一种方式——将心理学与认识论相结合来探求人类认知过程,但由于这种方式过于极端,因而并没有得到广泛的认可。人类认知能力通常是怀疑论针对的焦点,戈德曼对此的反驳利器依然是"可靠性":如果认知过程的可靠性太低,则无法产生知识或为信念提供辩护。知识论要阐明识别认识能力的可靠性,区别好的与更糟的过程,应当使获得"真"的概率达到最大化。理性主体的知识便随着一种道义观:P 在 T 对于 S 比 Q 更合理,P 则比 Q 更好地完成认知责任,这意味着当一个命题没有得到确证,我们便不会选择"相信"。可靠主义取消了信念完全认识的条件,当主体说不知道,则意味着没有权利确定或相信,戈德曼以此突出我们获得真信念过程的可靠性。

因果理论的可靠主义主要分为"强"与"弱"两种形式。"强"的因果理论要求行动者的信念与世界有因果关联,但这在一定程度上意味着"只有知识才隐含真理",而信念的确证并非世界上一定存在的某种事实,事实与信念间的联系过于强化导致了消极的结果。对"弱"的因果理论而言,信念得到确证成为知识根本上取决于主体心理的关系,即心智过程中的"因—果"。这种理论关注信念如何引起心理的关联而不仅仅是同外部世界的相互作用,信念的形成通常被分为两类。一类依赖于信念的认知过程,输入的对象可以是一种信念(推理),作为"有条件"(conditional)的可靠。另一类不依赖于信念的认知,是"无条件"(unconditional)的可靠,知觉对于 S 在 T 时信念 P 是得到确证的,S 在 T 时是一种可靠的过程。[1]假如 S 除了事实之外还有其他方式,S 在 T 时就不相信 P。"弱"的可靠主义突出知识同事实之间的关系,确证的方式关注信念形成的过程,因而是一种基于事实的可靠主义。过程的可靠性外在于认知主体,因此主体无须一定认识到这样的过程是否存在,它既可以是天赋能力又可以后天习得。"弱"的因果理论直接影响了戈德曼可靠主义改良理论的产生。

传统可靠主义诉诸认知过程因果关联的可靠性基本实现了最初去盖梯尔化(de-Gettierize)的目标,并且在一定程度上消解了怀疑论与传统知识理论之间的确证矛盾。戈德曼的"因果过程"同阿姆斯特朗的"类规律"的联系实质上都在支持这样一种观点:

---

[1] Goldman A. I. Liaisons: Philosophy Meets the Cognitive and Social Sciences[M]. Cambridge: The MIT Press, 1992: 116-117.

信念状态与其确证的条件具有一定的相关性。阿姆斯特朗只是把因果关系转化为如知觉、内省这样的非推论知识。认识过程的可靠性被视为解决知识确证难题的主要突破口，这种方式已然背离传统知识的内在论的确证理路，凸显出外在主义独有的确证优势。然而，传统可靠主义理论似乎将过程的可靠性视作获得知识的唯一途径，这种偏激的态度在一定程度上忽略了知识的本质，这是制约可靠主义前期发展的主要原因。

（二）普遍性难题

尽管可靠主义展现出许多传统知识理论不可企及的确证优势，但距离那种绝对权威的地位依旧十分遥远。它同其他知识理论一样受到了质疑与抨击，它所面临的诘难主要可以归结为普遍性难题、恶魔反例、价值难题、轻便知识难题、可靠性对于确证的非充分性五种，其中以普遍性难题最具代表性。[①]

普遍性难题体现在关于可靠主义理论需要解答的几个问题中。假设认识主体是一位名叫玛丽的正常成年人，设想一个阳光明媚的早晨，她在小区门口遇到一只金毛犬，然后形成信念"P：小区门口有只金毛犬"。依照可靠主义理论，这个命题中的判断具有可靠的认识过程，即 P 得以确证且为"真"，于是得出"S 知道 P"并将其称为知识。在这一例子中，可以对可靠主义的知识理论提出这样几种质疑：可靠性究竟涉及哪些对象？上述情境中的玛

---

① A. I. Goldman. Reliabilism[M]// The Stanford Encyclopedia of Philosophy 2008.

丽、狗、时间、地点、天气等许多因素似乎都与这个命题相关。什么是可靠的认知过程？认知过程的"可靠"是指玛丽作为具有正常认知能力的成年人还是指正常的外在环境，或者指其他的条件？对于究竟哪个过程导致主体形成信念 P，可靠主义的定义与解释总是模棱两可。我们的例证只是其中之一，比如"你看到某物"，通过周遭环境分类知觉过程而形成某种信念。普遍性难题的核心在于，可靠的过程通常针对殊相（token）因果序列的过程类别（process type），而问题是一个信念殊相的过程有无数不同的可靠性，可靠主义理论对于"究竟哪种过程最为可靠"难以给出清晰的界定。

可靠主义引入全新的确证机制在一定程度上消解了知识确证的种种难题，但其最终目标依然是在说明"过程的可靠性"，过程的产生、形式以及本质的模糊性难以摆脱普遍性难题的尾随，可靠过程的不确定特征甚至招致了多样性的普遍性难题。对此，可靠主义者认为解决这一问题首先要说明究竟怎样的过程才是"可靠"的充分条件。卡佩尔（K. Kappel）认为解决这一问题可以从两个方面入手：信念形成序列与形成方式。我们在不同的外界条件下产生信念，因而可靠性的程度有所差异，信念的形成序列指信念形成方式的条件，将信念的形成序列与其方法相关联从而将相应的可靠程度归为殊相序列。[1]科内与费尔德曼主张对信念过程可靠性的说明应当采纳一种非认识术语以解决认识身份的相关问

---

[1] K. Kappel. A Diagnosis and Resolution to the Generality Problem[J]. Philosophical Studies, 2006, 127 (3): 527-529.

题，并提出了两种必要条件：原则性条件与符合可靠主义。[①]这些理论看似为普遍性难题给出一种合理的解释，却依然无法避免非自明确证的缺陷，任何全然局限于非自明辩护的补救措施都如同隔靴搔痒。

可靠主义支持外在于主体心灵的知识确证，认可当感觉经验的认知过程具备可靠性时所产生的"真"信念就是知识。相对温和的外在辩护，在此基础上附加条件：主体尚未持有其不可靠的理由就是"真"的信念即为知识。可靠主义的改良理论旨在说明经验的确证作用并不拘泥于信念，然而依然在知识的确证与"真"的关系上面存在十分严重的误解。针对此问题，费多益分析："证成标准是指称性的，是我们认为作为某信念为真或可能为真的标志的东西，然而，可靠论将证成的标准等同于任何在事实上显示真理的东西，把证成和真理之间的联系看作归属性的。"[②]因此，知觉作为最基本的来源，使人类作为认知主体拥有关于这个世界的知识，而信念得到辩护并不能完全以知觉状态的信念来实现，辩护必定部分地取决于知觉状态自身，而不仅仅是由相关的信念所决定。

（三）以概率为基准的确证

概然主义以独特的确证方式在知识理论中占有一席之地，作为外在主义知识理论的重要分支，其直接地或变相地采纳了"简

[①] E. Conee, R. Feldman. The Generality Problem for Reliabilism[J]. Philosophical Studies, 1998, 89 (1): 1-29.
[②] 费多益. 知识的确证与心灵的限度[J]. 自然辩证法研究，2015(11).

单规则"的确证方式来完善自身理论。概然主义确证的形式主要体现于"贝叶斯主义知识论"。

"概然"这个概念与"可能"一词同译于英文"probable",可见"概然""可能"都同概率(probability)有着直接而密切的关联。简单来讲,概然主义通过确定概率来体现知识信念辩护,主张为了获得"真"的信念,主体应当采纳"可能"的信念。概率在通常意义上指"物理概率",即通过观察相对频率所产生的结果。而知识所涉及的概率指的是一种"认识概率",作为相对"人"与"时间"提出的概率并以此来谈论确证的程度。此外,认识还涉及"确定概率"与"不确定概率"的区分。确定概率相关于具体命题或者获得事态的真值,不确定概率则关注其他的概率,比如概念、属性、类等非命题内容。概然主义的理论主旨为"依照主体的信念确定概率表征知识的确证",因此当认识主体获得某一信念的时候,应该只采纳具有概然性的信念。

简单规则是概然主义中最简单的理论形式,它将认识论同概率演算的数学力量相联系并运用于信念的认知:"一个人得到辩护地相信 P,当且仅当 P 的概率非常高。"[1]简单规则可以保留运用概率时直觉的内在力量并将其与其他理论相结合,即作为贝叶斯主义知识论的基础,在一些特殊条件下还能够为其做出适当的补充。比如,当知觉和信念等认识情境发生某些变化,贝叶斯主义知识论的方式发生错误时,简单规则突显出一定的理论优势即可以被

---

[1] [美]约翰·波洛克,[美]乔·克拉兹. 当代知识论[M]. 陈真,译. 上海:复旦大学出版社,2008:125.

单独使用。这里倘若致力于合理的信念度，就会把认识的合理性诉诸实践的合理性，最终使得认识和理性由此进入无限循环。对此，简单规则展现出"不证自明"的特点，在认识概率方面主张主体可以凭借推理在不确定概率的情况下得出，从而在辩护中循环使用这一概率，却不会在习性方面明显循环地使用。如果习性存在于确定的世界中，那么简单规则就会只在当某事为"真"时才能得到认可，这显然是极其荒唐的。因此，我们只能通过存在不确定的世界中的不可或缺的习性来避免这一弊端。简单规则具有独特的确证方式，也因这种独特性受到了一定的质疑。首先，避免从简单规则中得出"重言式"的唯一方法就是避免使用概率演算，但是概率演算因其数学结构，却是概率概念中不可或缺的基础要素。最后，直觉所表明的认识上的中立能够得以证明，概率演算却无法将认识辩护的结构正确而恰当地反映出来。再次，简单规则的自我否定。一方面，简单规则要求人们通过推算概率来确定其结论的正确性，却不允许根据概然无效地演绎推理。另一方面，简单规则的计算本身就是概然无效的，因此这个计算实则徒劳无功，而且概率演算往往由于认识辩护结构的复杂性而无法将其涵盖进来。

贝叶斯主义知识论是以"简单规则"和"贝叶斯定理"为基础的认识论。"荷兰赌"[①]表明，如果主体对一个事件的信念度与概率定理不相符，他在打赌中就会处于亏损状态，倘若违背概率

---

① Susan Vineberg. Dutch Book Dutch Strategies and What They Show about Rationality in Philosophy Studies[J]. An International Journal For Philosophy in the Analytic Tradition, 1997(86): 185-201.

的原理,则意味着打赌的赢家分布机会的不公平,此时的信念度是非理性的。这意味着个人的信念度应当满足于概率定理,信念作为一种内在的心灵状态,通过外在的行为表现来测量,将主观的信念外在量化为行为就是在打赌。贝叶斯的认识理论认为"荷兰赌"是测量信念度最好的方式,它以一种简单的确证模型为主观概率提供了可靠的哲学分析,不仅满足于个人信念度应满足于概率,同时为贝叶斯知识理论提供了合理的说明。贝叶斯知识理论修正了"荷兰赌"的静态分析,在获得新数据使认识情境产生变化时,使用贝叶斯定理予以进一步解释。

贝叶斯定律:prob (P/Q)= prob (Q/P)×pro (P)/ pro (Q)[1]

其中,"P"是待以确证的命题,"Q"为新的证据,"pro (P/Q)"是当产生证据 Q 时 P 的概率。贝叶斯定律是贝叶斯主义知识论的确证模型,也就是信念度的概率确证模型,其基本作用是充当主观和客观之间实现"真"的桥梁,作为一种成为知识的方式。贝叶斯主义知识论者认为行为是唯一或最简单的观察心灵的方法,以荷兰赌和贝叶斯定理为基础论证了行为与概率之间的关系。荷兰赌证明在主体的不确定信念系统中,定性和定量并不一致,主体的信念度符合概率定理。这样一来,荷兰赌就可以表明信念度是符合概率公理的,也就证明了贝叶斯的知识论中概率的合理性及合法性。贝叶斯定律则可以根据新证据进行逻辑推理来调整人们的信念度,使得信念可以达到相互间的一致。当出现新的证据

---

[1] [美]约翰·波洛克, [美]乔·克拉兹. 当代知识论[M]. 陈真, 译. 上海: 复旦大学出版社, 2008: 126.

时，条件化定理可以通过非推论和证据条件化推理的概率来持续不间断地对信念度进行调整。

贝叶斯主义知识论在很多问题上存在缺陷，批判者主要针对其需要已知命题而且无法做出决定是否相信新理论。在信念度方面，一些批判者认为并非所有信念都能用数字量化，而且不是所有的信念都能对其信念度进行比较，因而打赌的方式并不适用于所有的信念。在荷兰赌方面，批判者认为荷兰赌的范围并不能囊括不同主体间的信念度的协调，其没有涉及非理性信念的确证作用。在条件化定理方面，批判者首先认为条件化定理在不遵循概率演算规则之后，同时又根据其演算出的概率反过来对演算规则做出推算，导致了自我挫败（self-defeating）的矛盾。其次，条件化定理的答案是不正确的，其概率演算在概率种类和动机方面也遭受到很多的质疑。概然主义产生的最初动机为直觉，但是简单规则以及其他形式的概然主义认识理论却与这种直觉相矛盾。同时，贝叶斯主义知识论的支持者对上述问题也做出了相关的反驳，简而言之有以下几点：贝叶斯主义知识论以主观概率为起点，其目的并不是用以证明我们的思想发挥作用的过程，而是一种寻找知识的方式；由于批判者的角度、问题不同，因而从引入背景信念来证明条件化定理给出答案实际是正确的；关于新知识疑惑可以用给出新命题的概率来解决它所带来的新问题。

知识内在论的基础主义和一致主义都持有"信念假设"这一主张：外部世界即知觉想要做出辩护，就必须是信念。概然主义可以被视为一种"非信念理论"，它提出了一种与传统内在论全然不同的确证。贝叶斯主义产生之后，外在主义与内在主义都出现了以简单规则为基础的不同形式的概然主义理论，这些理论以更为精致的形式做出了必要的补充。比如：基思·雷勒提出"连贯理论"既可以是信念理论，又可以通过概率而变为非信念理论；马歇尔·斯温修正了竞争的定义，支持概然主义的知识理论。美国学者波洛克在《当代知识论》一书中指出概然主义主要有两个问题：其一，无论哪种理论都无法为贝叶斯主义知识论提供合适的概率种类；其二，贝叶斯主义知识论以直觉为动机，而最终的结果却是可以确证相信没有概率的命题以及无确证有概率的命题。基于如上观点，波洛克以"直接实在论"处于信念理论与非信念理论的交叉位置，认为一个信念既可以被其他信念确证，又可以直接被知觉、印象或记忆状态确证。[①]

概然主义以概率的方式来处理知识的确证难题，诉诸非信念理由，打破了信念辩护的传统方式。然而，它对很多问题的尝试采取了错误的表达方式，这种理论只能处理信念的内在状态，而无法处理知觉问题，作为一种新兴的知识理论仍然面临巨大的困难。概然主义推动了认识理论向前演进，对知识及确证问题产生了积极的影响，无疑是当代知识确证理论发展进程中的一个闪光点。

（四）非自明的确证

可靠主义的发展过程大致经历了两个重要阶段：传统因果理

---

① [美]约翰·波洛克，[美]乔·克拉兹. 当代知识论[M]. 陈真, 译. 上海：复旦大学出版社，2008：130-135.

论的可靠主义即初级阶段；改良的可靠主义即完善阶段。这种划分对知识理论的演进有着特殊的意义，正如方环非指出："这样划界的原因在于，从可靠主义出现发展至今，其讨论的核心内容和主张实际上已经发生转变，如果说当初是为了应对怀疑论难题、盖梯尔问题而提出，或者是为了对抗内在主义的知识确证观，那么现在已经偏离了外在主义的论证进路，转而向内在主义与外在主义的调和，甚至完全偏向内在主义，进入了内在主义的捕鼠器。"①

传统可靠主义在20世纪中叶得到了不同哲学流派的关注及发展，戈德曼在这种环境下基于"因果理论"提出一种可靠主义的改良方案。"德性知识论"（Reliabilism-based virtue theories）将"德性的"认识统一于可靠主义的知识建构，以"德性"（virtuous）与"恶性"（vices）的支持"列单"（list）作为确证解释并给出了系统的说明。②这种知识强调"概念同一性"即"确证信念的概念"与"通过认识德性获得信念的概念"相一致。其中，积极的心理过程是"德性的"，相反的认识则是"恶性的"。戈德曼以两个心理学的假设作为德性知识论的说明辅助，分别为"评价假设"和"可靠性假设"。其中，评价假设针对认识评价个体的行为，将其作为判断信念是否得以确证的标准。他假设将评价主体的心理分为"德性的认知"与"恶性的认知"，当信念被评价时就是主体在与列单相匹配，信念的确证依赖于是否类似于心理列单。倘若匹配结果

---

① 方环非. 知识之路：可靠主义的视野[M]. 上海：上海人民出版社，2014：66.
② Goldman A. I. Liaisons: Philosophy Meets the Cognitive and Social Sciences[M]. Cambridge: The MIT Press, 1992: 160.

相类似，认识就是得以确证的德性知识，相反则是非确证的恶性知识。评价假设的核心在于当主体判断一个信念是得到确定的知识，他就必须对信念的产生过程进行考察。此外，可靠性假设是关于怎样在德性认识与恶性认识之间做出选择的理论。某些信念的形成源于高比率为真的途径，比如视觉、听觉、好的推理以及记忆等。相反，诸如猜测、单向思维、忽视某些重要否定的证据而得出的结论就是恶性的知识，因为它所产生的信念是在一般条件下低比率为真。戈德曼强调主体个体的认识评价可以继承共同体中他人的德性与恶性的列单，而不必对可靠性一一进行测评。但是，这并不意味着他否定可靠性测评依赖于个体知识。可见，戈德曼可靠主义的出发点和落脚点已然区别于因果理论的可靠主义，他并没有对确证提供非认识逻辑上的条件（必要或充分），认识的德性与恶性只是以心理学假设对其做出回应，并以此说明知识的列单何以被应用以及如何被修正。德性知识论是一种全新的确证方式。

格雷科（J. Greco）的"行动者理论"（Agent Reliabilism）[①]是可靠主义完善的另一种理论形态，它与德性知识论本质上拥有相同的确证旨趣。知识产生的可靠过程被限定于行动者的认知过程之中：P 对于 S 具有积极的认知状态，仅当 S 相信 P 由稳定及有效的认知能力所产生，才能得到德性的知识。传统可靠主义存在两个主要问题。其一，可靠的认识过程所出现的大量反例说明：不

---

① John Greco. Agent Reliabilism[J]. In Philosophy Perspectives Epistemology, 1999 (13).

是所有可靠的过程都能有效地产生知识。因此，可靠主义确证所诉诸的认知过程必须得到某种限定条件的说明。因为只有为认识过程提供一个合理的范围，才能满足其作为知识理论的基本条件，可靠的过程才具有认知价值。其二，可靠主义理论并不限定于主体对知识证据的内在把握，只要求认知过程具有可靠性，这就很容易导致另一种情况，即证据的可靠性究竟是"偶然的"还是"必然的"变得无关紧要，这恰恰背弃了人类探究知识的初衷。因此，格雷科认为我们应当把那些趋于稳定的倾向与成功的认知过程同知识理论相关联，使信念的确证能够从主体的认知能力得以探究。追求真理是理性存在物的特有行为，是我们所拥有的独特倾向。人类的天赋能力，如正常的视觉、听觉等都可以导致可靠的认知过程；而经过后天训练所获得的某些技能，如考古、珠宝鉴定、品酒等，只要稳定而有效，就能够产生知识。行动者的可靠主义修正并改良了传统可靠主义的因果理论，"改良"得到的新特点能够排解部分传统知识论的疑虑，如有效性与稳定性能够解释在特殊条件下产生的信念同知识信念之间的区别。此外，行动者的可靠主义还有许多其他形式的知识理论，比如普兰汀格的"恰当功能理论"、索萨的"透视主义理论"、阿尔斯通的"社会实践可靠主义"。这些理论立足于主体的认知能力，不仅突出了认识过程的可靠性，还反映出德性知识的理智特征。

戈德曼的可靠主义理论是"科学主义知识论"的代表，经过改良的可靠主义进一步结合了认知者的理智特征，认知过程成为知识的东西限定于构成行动者的认知特征中，知识的确证方式既包含了先天的认知能力，也包含了后天的思维习惯。除此之外，部分可靠主义的知识理论甚至直接采纳了内在主义的确证，试图融合内在主义的辩护方式行走于可靠主义的知识理路，如"温和基础主义知识论""直接实在论""一致主义的可靠论"等。对此，杨宁芳总结道："总之，走向外在主义是当今认知哲学发展的重要趋势。它表现为两方面：第一，把辩护还原为可靠性。许多外在论者主张外在主义是自然化认识论的一种形式，把认识论当作自然科学的一种事业，把认识论转换为经验心理学的一部分，解决我们如何获知世界的终极理论的问题。在这种情况下，认识主体被看作自然的现象，对获取知识的科学研究集中于主体的感觉输入与理论输出之间的因果关系。第二，采用一种'弱'规定的知识标准。它只规定知识是通过可靠的方法获得的信念，而不管这种方法的来源。对于这种'弱'规定，我们很容易将其归于事实性知识，而不是与认识状态有关的复杂知识或信念。"[①]

"可靠主义"发展至20世纪80—90年代，几乎等同于外在主义知识论的别称，并逐渐发展成为当代确证的主流方式之一，当代有很多著名的哲学家都是可靠主义理论的支持者。[②]"非自明"的辩护时至今日依然得到众多学者的追捧，"可靠"这一概念逐渐呈现出社会性及多元化的发展趋向。

[①] 杨宁芳. 走向外在主义的认知哲学[J]. 哲学研究，2016（6）.
[②] 如阿姆斯特朗（D. M. Armstrong）、拉姆齐（F. Ramsey）、瓦特林（J. watling）、昂格（P. Ungrer）、斯基姆（B. Skyrm），以及德雷茨克（F. Dretske）、里德（T. Reid）、哈克（S. Haack）等。

二、知识内在于逻辑理由空间

(一)"自然主义谬误"

传统经验知识认为"非推论性"的经验内容构成了认识的基础并且决定了我们对世界判断的最终裁决。在著作《经验主义与心灵哲学》中,塞拉斯将批判的矛头直指长久以来被视为知识基础的感觉经验,以严谨的论证揭示出感觉材料及其相关理论所蕴含的悖论。

塞拉斯否定"所予"是认识的基础,把传统经验知识图景中的诟病称为"所予的神话"。"确实必须有一个特定事实问题的结构,并且(1)每个事实无需推理就确定如此,而且不以其他事实或者普遍真理的知识作为前提;(2)关于这个结构的各种事实知识无需推理便能获得,构成了最终裁决断言事实——特殊的且普遍的——关于这个世界的。"[1]依照他的描述,传统经验知识的基础信念可以表述为:它无须推理就可获得,而且不以任何其他相关的个别的或者普遍事实知识作为前提。早期的经验论同唯理论持有笛卡尔式的观点,一个人能"知道"并确定的最好方式就是"我思",我们所拥有的一切知识都是通过心智状态(mental states)得知,物质实体与他人心灵都可以被视为一种"弱"的意义上的"知道"。"许多事情被说成是'所予':感觉内容、客观实体、普遍性

---

[1] Sellars W. Empiricism and the Philosophy of Mind[M]. Cambridge, MN: University of Minnesota Press, 1963: 32.

的、命题、真实的联系、基本原则,甚至是所予本身。"[1]所予论者普遍认为主体拥有某种直接领悟经验的天赋能力,这种直接的内容即被称为"所予"。这里,无论是经验主义还是先验原则的唯理论,或者是柏拉图主义最为直接的共相,都在强调所予的"直接性",旨在说明它是现成的、已经在那的(be there),并且能为经验知识做出辩护,因此同时承认了所予在认识上的"有效性"。这里,如果失去了辩护的功用,感觉材料至多只可作为"给予"(a given),而不能称其为"所予"(the given)。

"所予认识论范畴的观点是……阐明经验知识事实问题依赖于对的非推理知识的基础这一观点。"[2]在传统认识理论中,"所予"直接面对的就是"知者"(knower)与"知道者"(known)之间的关系,其关乎"知道"的三种特点:"直接性""非因果性"与"非辩护性"。塞拉斯在由 R.齐硕姆所编的论文集《经验知识》中,以一个日常生活场景进一步阐释了这三种特点之间的关系。假设在电灯发明之前,约翰在一家商店从事售卖领带的工作,每当他在标准的情境下做介绍说出领带的颜色,他的同伴都会相应地附和。在电灯普及之后,室内"绿色的领带"在室外却变成了蓝色,于是约翰在介绍领带的颜色时与他人的看法产生分歧,他在之后的描述中改变了自己"绿色"的认定。每当面对一条"绿色"的"蓝领带",他不明白如何形容这个东西,感到十分别扭,因为当他说

---

[1] Sellars W. Empiricism and the Philosophy of Mind[M]. Cambridge, MN: University of Minnesota Press, 1963: 1.
[2] Sellars W. Empiricism and the Philosophy of Mind[M]. Cambridge, MN: University of Minnesota Press, 1963: 3.

出"这是绿色的",原本是在做出一个观察报道陈述某个事实,然而约翰在说出"这是一条蓝领带"时,已然不是"观察报道",而是他通过推理做出的相关论断,如此产生了一种与前两次全然不同的报道:"这条领带<u>看起来是</u>蓝色的。"

"S 知道 R",这里的"知道"可以是源于因果的,就像人类可以通过精密的仪器设备来提高观察的灵敏度,发现观察不到的属性。其中,"知道"的"辩护性"指以一些内容作为前提的事实通过推理从而知道 R,并为其提供证据上的支持。"非因果性"与"非辩护性"则与其相反。"知道"是自明的(self-evident),即 S <u>直接</u>知道它是"绿色的"。例子中,在日光下领带是绿色的这一事实(fact),无须推理的前提,属于直接的、事实的陈述,之后约翰经过调整自己的说法而得出"知道"在灯光下绿色领带是蓝的。塞拉斯认为,传统经验知识的弊病恰恰在于将这两种不同的"知道"相混淆。事实上,一种观点认为被感知的是殊相,"殊相"在逻辑上并不涉及知识。另一种则认为,"感知"是"知道"的形式之一,感知到的就是事实而非殊相。然而,二者的混淆就会得到这样的结果:感知就是知道,并且被感知到的就是殊相。

感觉材料试图作为一种理论模式起到一定的调节作用,即"功能性"的产物。但是,传统经验论者的错误在于把本不相容的对于感觉材料的解释进行了杂糅:

(1) 某种内在情节,比如关于红色的感知(sensation),主体在拥有这种感觉之前没有任何先前的学习或者概念的形成,而且倘若没有这种纯粹的感觉,主体在某种意义上不可能,比如看到

一个表面红色的三角形物体;

(2)某种内在情节,比如关于某个对象是红色的非推理认识,这种非推理的认识为其他经验性命题提供依据,作为经验知识的必要条件。①

所予论试图将内在片段(1)与(2)相联系并为同一内容,当发生这种混淆错误时,主体说"知道"实际包含两种不同意义:一种是"知道"某种事实,能够为其提供辩护,比如"我知道今天天气很冷";另一种"知道"叠加了专名或者描述短语的指称,比如"我知道有一种生物叫羊驼"。第二种"知道"不同于"亲知"的知道(knowledge by acquaintance),而是相当于在问:"你熟悉(acquainted with)羊驼吗?"由于感觉材料自身是一个十分含糊的概念,因此由其衍生的知识理论陷入一种尴尬处境:既是这样又是那样。哲学家将这种情形做了一个十分生动的比喻:"在吃掉蛋糕的同时还想拥有它。"

塞拉斯指出,经验的"所予"分为"概念"与"非概念"两种类型,通常也被称为"命题的"与"非命题的",这种区分是进一步探讨的前提。其中,"概念的"如第一原则、事实、知觉信念,"非概念的"如物质对象、感觉材料、殊相。这里,无论"非概念的"的内容是什么,它都无法作为论证的前提或者理由。"只有在包含内容非命题以及概念性的得到明确表达的东西,才能用作辩

---

① Sellars W. Empiricism and the Philosophy of Mind[M]. Cambridge, MN: University of Minnesota Press, 1963: 21-22.

护。"于是,"只有具有句子结构才能成为推论的前提"①。命题性的知识形式包含 that 的从句"know-that""see-that"等,"命题"蕴含的真值评价能够提供一种"积极的"(positive)认知身份,只有这种含有认知的内容才具备知识的"有效性"特征。所予论者的共同之处在于假定存在一种原始的认知,忽略了感知仅仅是对象(object)或者事件(events),从而承认非推理的信念及心智状态,错误地将这种"非命题"的内容直接作为推论的前提和理由。其中,罗素所指的"亲知知识"就是一种"非命题"的所予,这类知识与描述性知识存在根本区别,然而他并没有说明如何由它得到命题性的知识。这一问题也恰恰是经验论者的症结所在,当要为日常实际知识提供某种证据(evidence)时,所予论者就将这种内容视为非概念的,即非命题、非推理的内容。与此同时,感觉材料作为基础命题却又再次充当了推理的前提。于是,时而把感觉材料视为概念的、命题性的,时而又称其是非概念的、非命题的,似乎感觉材料的性质能够随"需要"而做出相应的改变。

传统经验知识将"所予"作为知识概念性的基础,同时又将其视为非概念的证据,塞拉斯指出:二者的混淆犯了类似于摩尔在伦理学中所谓的"自然主义谬误"②。感觉材料不能同时扮演两个角色,所予的要求是不现实的,就如同塞拉斯所言:所予是一种神话。

---

① Robert Brandom. A Study Guide[M]// Wilfrid Sellars. Empiricism and the Philosophy of Mind. Cambridge: Harvard University Press, 2003: 122-128.
② Sellars W. Empiricism and the Philosophy of Mind[M]. Cambridge, MN: University of Minnesota Press, 1963: 12.

(二) 拒斥"所予的神话"

在感觉材料理论受到批判之后,所予论者求助于感觉材料语词,把这种批评归结为仅仅是字词之争。艾耶尔曾指出,关于感觉材料的话语可以是一种由认识论者建构的(contrived)的语言,这种语言更为精辟的(perspicuous)表达了我们可以用日常知觉话语所表达的东西。这种观点认为感觉材料话语是"人工语言",我们在现象意义上的认知只是缺少一种合理的描述语词,意味着我们始终拥有知觉所需要的仅仅是好的现象语言而已。这种关于"感觉材料语言的所予"依然被塞拉斯批判,并且,他进一步阐发了对认识的相关看法。

塞拉斯指出,艾耶尔的感觉材料语言实际是一种符号(code),符号间的逻辑关系的派生性(parastical)完全源于所代表的句子间的逻辑关系。[①] 日常话语"X 对于 S 看起来(look)O"所对应的感觉材料语言是"X 对于 S 呈现(perceptual)O 的感觉材料"。比如:棉花糖在 S 看起来是白白的、软软的,尝起来甜甜的,等等;对应的感觉材料话语,棉花糖呈现于主体 S "白白、软软、甜甜"的感觉材料。这再次强调了感觉材料语言的本质,另一种语言既不能解释也无法澄清的知觉即心灵物理对象,它仅仅是一种本身并没有什么实际意义的符号,其意义源于它们对语义的解释。同时,语义解释是意义的内在限制,如果这种寄生性得以成立,那

[①] Willem A. deVries, Timm Triplett. Knowledge, Mind, and the Given—Reading Wilfrid Sellars's "Empiricism and the Philosophy of Mind"[M]. Hackett Publishing Company, Inc., 2000: 16.

么日常知觉语言的表达就失去了原有的诱惑力。艾耶尔正因并没有意识到这一点而是使用了超过被赋予意义的限度,将感觉材料话语混同于日常知觉话语的逻辑关系中,扩大了符号并将其充当为另一种语言。于是,它导致的结果是既用作日常话语的符号,同时具有独立的日常知觉语言的自主性(autonomy)。①感觉材料语言将显现(appearing)语言视为理论语言,感觉材料作为另一种语言,仅仅是符号而并没有额外价值。但是,这两种属性并不兼容,而且理论正因具有这种额外价值才能提供解释。只要这种寄生性从"看起来""显现"中的构造产生,作为另一种语言没有进一步扩大,它就无法满足艾耶尔的要求。

塞拉斯在关于"看起来"的讨论中阐发了"概念整体论"的思想。"X 在 T 看起来(look)是红色的。"艾耶尔认为,X 表示物理对象,T 为时间,S 为主体,将三者视为一个"三元"的整体,这样可以避免所予神话。在塞拉斯看来,S 与 X 之间并不是某种简单的关系,"是红色的"在逻辑上先于"看起来是红色的"而非单纯由对象、主体、性质组成的三元关系。因此,我们不能依据"C 对于 S 看起来是红色"的而定义"C 是红色的"。"X 是红色的=对于一个正常的观察者来说,在标准条件下,X 看起来是红色的"。从右边的定义左边的,红色的(quality)具有独立的认知地位,因此"看起来是红色的"作为一种关系定义"是红的"存在错误。"看起来"与"是"都是表示关系的动词,二者同谓语动词为同类,

---

① Sellars W. Empiricism and the Philosophy of Mind[M]. Cambridge, MN: University of Minnesota Press, 1963: 19.

这种关系受到循环论证的质疑。在日常说法看来，"X 是红的"对于观察者就是"X 看起来是红的"，事物在标准条件下显现的样子"是红色"的逻辑先于"看起来是红色"。关键在于：主体无法"知道"某个概念，除非他"知道"一组相关的概念。如此，知道"红色"意味着需要知道其他更多的颜色以及相对应的环境条件。

　　塞拉斯以"概念整体论"拒斥逻辑原子主义，指出殊相不具备认识的"独立性"，因此并不存在所谓直接知道的殊相。主体应该明白有颜色的灯光会造成错觉，标准条件下没有明显的界定，它依然由一系列条件而确定，这种条件伴随日常话语的模糊性与开放性，依照不同条件而约定俗成。当孩童看图识字，指着绿色的卡片说这是绿色的，他不会完全明白绿色这个词汇。概念并不是独立的存在，理性主体拥有"整体概念的储集"[①]，概念在推理与判断中有着自身的"置位"。一个信念的"真"要求它在整体上是适当的。我们关于事物的知识与它所处的环境是同时获得的。当我们看一个事物，辨别它的颜色，这种能力包含如果有人想通过看它而确定颜色，就理应知道在怎样的环境下看。"人们仅仅通过具有完整的一组概念才能够具有类似于绿色的概念……然而获得绿色概念的过程……确实……包含在各种情况下获得对各种对象反应的逐渐习惯的悠久历史，主体在不同时间和空间中关于物理对象的观察命题都具有重要的意义，除非具有全部的概念……并且

---

① Sellars W. Empiricism and the Philosophy of Mind[M]. Cambridge, MN: University of Minnesota Press, 1963: 19.

有许多其它相关的概念。"①塞拉斯强调掌握红色概念的过程需要应对不同环境的逐渐的反应习惯,是历史性的,当且仅当主体拥有更多概念时才得以完成。

其中,"看起来"(look)与"看到"(see)非常相似,塞拉斯指出了一种特别的认识内容:关于观察的报道,即"经验是命题性的内容"。例子中约翰说"这条领带看起来是绿色的",意味着他学会了一种报道方式,之前他说"看到绿色",这两种经验都包含"这条领带是绿色的",但是并非随时都做出如此断言,当在日光下就会变为"这条领带是蓝色的"。"看到"比"看起来"增加了对于命题内容的认可(endorse)。"将情节或状态描述为认知的特征时,我们没有给出该状态或情节的经验描述;我们把它放在逻辑理由空间和辩护的空间中,并且能够证明人们所说的。"②在以下例子中进一步介绍了三者之间的区别:

A. 看到 X,是红色的。

B. X 在那,某人看起来是红色的。

C. 某人看起来那里似乎有一个红色的东西。

三个断言中,A 的态度完全认可;B 部分认可;C 抽象地认可。那么,三种经验的描述内容拥有部分共同的特点,它是如何具有这种内容的呢?其中,A 中观察者必须看到;B 中物体不必是红色的;C 根本无需物体。经验论者的概念分析以此作为知识的基础,

---

① Sellars W. Empiricism and the Philosophy of Mind[M]. Cambridge, MN: University of Minnesota Press, 1963: 19.
② Sellars W. Empiricism and the Philosophy of Mind[M]. Cambridge, MN: University of Minnesota Press, 1963: 36.

将"看起来"分析为一种三位一体的关系,把感觉材料视为一种没有意义的内容,同时保持它的日常知觉概念的解释。三种经验的命题内容,只在逻辑上认定其中一部分,而剩余的一部分称为描述性内容,这种内容就是共同的感官印象,它是直接的纯感觉,因而受到因果性的约束。这种内容一旦错误地与理由空间触碰,就会发生认识上的混淆。描述性的内容本身无所谓对错,经验论者的错误在于对其做出了错误的分析,"看起来"实际上对描述性内容没有任何用处,只是认可了命题的主张,其实质类似于提出了一种并没有给出答案的问题。

塞拉斯指出,观察报道能够将经验置于理由空间参与"寻求与给出理由的游戏","理由空间"无法完全还原为自然科学的经验描述,不同于因果作用的空间,而是一种规范意义上的东西。如果我们要对描述内容的本质进行探究,就要"解释"而非"错误的分析"。解释会增加新的非语义的信念——因果性的内容,而错误的分析无异于再次陷入"所予的神话"。

(三)心理主义唯名论

塞拉斯通过批判传统经验论关于可确定物(determinable)与确定物(determinate)、种(属)、知觉的探讨,在修正休谟理论的基础上提出一种替代基础主义所予论的认识理论——"心理主义唯名论"(psychological nominalistic)[1]。

---

[1] Sellars W. Empiricism and the Philosophy of Mind[M]. Cambridge, MN: University of Minnesota Press, 1963: 29.

传统经验主义认识论认为复杂的思想、概念可以还原为一种简单的东西,并且将其作为基础建构高层的复杂知识。塞拉斯对"所予神话"的批判从根本上瓦解了经验知识的基础。他指出,无论是近代的经验论还是唯理论,所犯的错误都是将"简单概念"与"简单感觉"相混淆,这种错误肇端于笛卡尔"思想"与"印象"的混淆。经验论者都假定人类心灵具有某种确定类型的天赋能力(innate),我们仅仅凭借感觉与意象(image)就能够意识到它们。这是洛克、贝克莱、休谟所共同犯的错误,认为主体仅凭感觉就能够得到简单概念,即把感觉混淆于确定的类型。我们能够意识到完全"确定的"感觉的重复物(determinate sense repeatable),也能意识到"可确定的"感觉的重复物。其中,"确定物"比如深红、橘红、中国红;可确定物为红。这里的问题就在于主体如何从由深红、橘红、中国红而得到"红"。这是近代认识论的核心问题之一,经验论者给出的答案是主体能够明确认识到确定物。那么,这种认识何以可能?洛克认为,一切观念由感觉或者反省得来,感觉熟悉特殊的可感对象之后,按照其对感官刺激的方式把知觉传入心灵。于是,我们得到各种观念,就像得到棉花糖的"白、软、甜"。这里,洛克显然在"思想"与"感觉"之间产生了混淆,他认为主体能够意识到确定的感觉重复物,仅有"感觉"就已经得出了"概念"。经验论者支持由简单到复杂、特殊到一般(由"红、黄、蓝、绿……"到"颜色")。但是,抽象问题不仅在于如何从"确定物"得出"可确定物"、由"种"到"属",不应对"红、橘红、中国红""红、黄、蓝、绿"本身进行探究，因为无法解释这种感觉、印象的东西如何就成为"确定的"。贝克莱也批判了洛克的这种观点，认为可以存在任何"种"的"属"。对此，塞拉斯指出传统认识所犯的自然主义谬误在于把"……的感觉""……的印象"同"相信……"相混淆。在《经验主义与心灵哲学》的导言中，布兰顿将其概括为"关于（of）的类型存在很大的区别"①。比如，我们可以拥有一个"关于"三角形的感觉而不必是因为有一个红色三角形确实存在，就像我们"关于"金山的想法而事实上没有金山这种东西，这两种思想的表达只是在表面上的相似性。"impression of"与"thought of"存在很大的不同，因为在这两种情况中，"关于"的类型事实上存在着根本的差别。塞拉斯强调，感觉、印象这类词汇与心智的语汇共同享有非外延的逻辑性质，但是认识语汇是"自成一类的"（sui generis）。因此，唯理论者认为感觉是复杂的、混乱的观念，经验论者认为是简单观念，二者都将感觉直接等同于观念，从而抹杀了其中的本质区别。传统认识论的错误就在于试图把感觉等同于思想，感觉材料同时扮演两个角色，成为杂糅的产物。尽管休谟对"可确定物"的探讨，针对如何由"种"到"属"给出了新的想法，但是依旧犯了混淆"感觉"与"思想"的错误。其中，休谟并不承认如贝克莱、洛克那种可确定物的当下思想，他提出我们的"意识"可以由"确定物"得出"可确定物"，主体关于可确定物的意识是一个"语言事件"。对此，塞拉斯赞同休谟"特殊的观念就是可确定

---

① Robert Brandom. A Study Guide[M]// Wilfrid Sellars. Empiricism and the Philosophy of Mind[M]. Cambridge: Harvard University Press, 2003.

的重复物",他发现休谟因为没有考虑到确定的印象本身,从而同样发生了混淆。

事实上,意识不是注意(noticing),语言的学习不是一种单纯的命名过程,而是特殊项的积累,"红色"同由彼此类似的殊相而组成的类相相互关联起来,如果这种联合不以意识殊相间的类似为中介,即意识不充当中介物,混淆就不会发生。"并不是有某物的概念,因为我们注意到这类事情,有能力注意到事物的类别就已经有了这类事物的概念,即便不能解释它。"①休谟曾以"习惯"处理联结的问题。我们来不及反省,习惯就已经发生了作用;无需任何概念意识,我们就能获得各类对象和语词之间的确定联想。塞拉斯否定一切独立于语言的习得而关乎逻辑空间的意识,拒斥我们能够意识到简单概念范畴,不论是感官经验还是先验的原则都遭到拒绝。塞拉斯在解决"非意识"与"意识"的问题上修正了休谟的观点,"可确定物"与"确定物的"症结就在于如何由"非概念""非意识"即因果性东西而得到"概念的""范畴的""意识的"即理由性的东西。"心理主义唯名论"认为:"所有关于类型、相似性、事实等意识,总之所有关于抽象东西的意识事实上甚至是所有关于殊相的意识,都是一种语言事件。"②

我们由习惯性的联结得到概念意识,概念意识根植于(embedded in)生活中,无论是直接经验的能力还是认识事物的能

---

① Sellars W. Empiricism and the Philosophy of Mind[M]. Cambridge, MN: University of Minnesota Press, 1963: 45.
② Sellars W. Empiricism and the Philosophy of Mind[M]. Cambridge, MN: University of Minnesota Press, 1963: 29.

力都依赖于语言的习得。因此，不存在任何原始的关于对象感觉以及感觉性质的意识片段，一切关于抽象物的意识都是语言事件。

（四）关于知觉的社会性语言理论

古希腊的怀疑论、近代经验主义以及当代哲学"知觉"的相关探讨都在不同程度上涉及所予。塞拉斯基于对感觉材料理论、感觉材料语言理论的批判，"所予神话"在根本上瓦解了传统经验知识得以建立的基础，心理主义唯名论为印象、思想等内在片段的逻辑地位提供了更为合理的解释。然而，近代逻辑实证主义的代表石里克（Moritz Schlick）对塞拉斯的观点提出了一些异议，他在区分出"分析陈述"与"综合陈述"之后指出有一类特殊的陈述依旧可以作为知识的基础——观察报道。

《知识的基础》一书中认为知识的基础应当具备两个条件：一是作为值得信赖的结果，二是具有一种绝对的权威地位。石里克对此展开了详细的论证，他把观察报道区分为"标记"（token）与"类型"（type）两种，并分别解释了陈述的权威性。比如，定冠词"the"是类型，而写出多个"the"则是一种符号。其中，综合陈述的权威同主体与外在环境相联系。观察陈述则是非推论的，其"意义"与"真值"相一致，因此报道的产生便即刻具有这种权威性。在塞拉斯看来，他主要阐释了以下几点：观察报道是一种相对开放、模糊的日常用法；观察报道被解释为行动的正确性；做出某个正确的断言遵循其中所包含语词的使用规则，正确的观察是"真"的充要条件。塞拉斯认为,石里克试图以观察报道代替感觉材料的知识基础地位,然而他对"观察报道"的理解存在严重的误解,以至于同样陷入了所予神话的圈套。

事实上,知识的权威性不仅仅是具有某种确定的基础那么简单。依照外在主义知识理论的主旨,意义的实质与外在环境存在必要的关联,是否存在关于表达式的心智状态同意义则毫不相关,也就是说"S确证P"并不要求证据P对于主体S在认识上是可通达的(accessible)。然而,这似乎意味着鹦鹉、温度计都能拥有知识,因为它们也能对外在世界做出"可靠的"报道。这种意义上报道的权威性似乎报道者只要通过观察就能够拥有相关知识,而且预设了主体能够知道可靠性的事实。内在主义则认为"知道者"自身必须能够清楚地认识到,这样就得以排除鹦鹉、温度计、电子装置等非理性存在具有知识的谬论。如果当我们说出一个观察报道之前就必须知道这类片段是报道对象存在的可靠标志,那么怎样解释孩童对语言的学习?知道一些东西必须以知道另一些东西为条件,如此就退回到知识最为原始的"无限回溯"。人类具有领悟直接经验或心理状态的天赋能力,做出一个观察报告需要掌握某种语言,而语言的掌握通过学习获得,我们只有通过学习才能知道经验所对应的符号,以及如何报道感官的"发现"。所予论者并不承认主体了解自身直接经验本身的能力也是习得的,然而不论是认识直接经验的能力还是认识周围事物的能力,实际上都是通过学习才可获得。"知识的表达,如观察报告'这是绿色的',不仅要有权威,而且这种权威必须在某种意义上被主体所承认。"①这种权威性不能简单地定义为遵守的齐一性,即主体正确地"执行"了某个行动,因为不是所有的"应该"都是"应该做","正确"也并不等同于"行动的正确"。

传统经验知识中,当认知主体做出一个断言,主要一般事实倒退到特殊事实就完成了确证。塞拉斯否定这种观点,他认为殊相预设了一般事实,得到关于特殊事实经验上的观察知识,主体必须拥有关于一般事实的知识,殊相与一般事实是同时获得的。尽管从内在主义视角来看,做出某个观察报道的人或许并不具有该项知识,然而权威性及辩护的规范性能够用于报道以及信念,即便并不是一种行动。当主体做出一个陈述,其正确性在于他此刻知道这种特殊的事实,但不要求这些事实获得的当下才知道被获得,这样的理解方式最大的效用就是能够终止理由的无限回溯,非推论知识在不具备独立性的情况下可以作为基础,同时避免了陷入所予的神话。塞拉斯并没有刻意追求传统知识内在主义所寻找的基础,而是把经验命题与观察报道重新做出解释,从这种意义上来讲,经验知识也有它所谓的"基础"。观察报道介入理由空间,发挥基础非推论的作用,然而这种作用是规范意义上而非因果性的,更正了对内在片段的误解,从而修正了知识的合理性。"如果我拒绝传统经验主义的框架,不是因为我想说经验知识没有基

---

① Sellars W. Empiricism and the Philosophy of Mind[M]. Cambridge, MN: University of Minnesota Press, 1963: 35.

础。为了以此方式表明'所谓经验知识'的真实性，以及将其置入谣言蛊惑和恶作剧当中。很显然，人类知识依赖于命题层面的——比如观察报告——它并不依赖于其它方式但是其他命题依赖于此。"[1]观察报道的权威性源于语言的共同体（linguistic community），观察报道的内容受制于因果性的约束，而且这种权威性关联于认知主体的文化情景，它内嵌于我们生活形式的语言规范当中。

对于知识传统难题，塞拉斯给出的是一种强于外在主义但是弱于内在主义的解决方式，主张以整体论的观点、动态的视角看待知识。知识内在于"逻辑理由空间"[2]，它不同于自然领域，而是一种"确证"的以及"被证成"的空间。断言的产生意味着一种立场：承诺或有资格做某事，语言的理解与表达好比一种"给出与寻求理由的游戏"，概念间的推理使语言获得某种能被领会、得以交流的意义。"S 知道 P"，信念 P 需要理由的同时也可以作为其他信念的理由，概念内容无法脱离于它在理由空间中所产生的作用而得到理解。知识依赖于概念，需要主体具有使用自然语言的能力，同时承认存在某种非推理的知识，认识片段或状态的归因体现出规范性与社会性的双重维度。布兰顿把塞拉斯的理论评价为：关于知觉的社会性语言理论（a linguistic social theory of awareness）[3]。

---

[1] Sellars W. Empiricism and the Philosophy of Mind[M]. Cambridge, MN: University of Minnesota Press, 1963: 38.
[2] Sellars W. Empiricism and the Philosophy of Mind[M]. Cambridge, MN: University of Minnesota Press, 1963: 36.
[3] Robert Brandom. A Study Guide[M]// Wilfrid Sellars. Empiricism and the Philosophy of Mind. Cambridge: Harvard University Press, 2003.

理查德·罗蒂在《经验主义与心灵哲学》的再版序言中高度评价了塞拉斯的著作:"20世纪的50—70年代,蒯因的《经验主义的两个教条》、维特根斯坦的《哲学研究》同这本著作使分析哲学转向后实证主义分析哲学,它可以比拟奥斯汀《感觉与可感觉的》在英国的地位。心灵哲学同语言哲学的发展由此步入全新的发展时期。"[①]此后,当代美国哲学家麦克道尔与布兰顿分别从经验主义与理性主义两种不同的理论形态沿袭了塞拉斯的论旨,以精致的心智建构形成了独树一帜的匹兹堡学派,以新实用主义的路径为知识确证提出了全新的构想。

---

① Robert Brandom. A Study Guide[M]// Wilfrid Sellars. Empiricism and the Philosophy of Mind[M]. Cambridge: Harvard University Press, 2003.

第四章 理性主义路径

布兰顿沿袭塞拉斯的论旨，以理性主义路径探求知识的确证。"智识"主体推论性的实践活动突出了理性对于认识的能动作用，理性能力使我们能够断言，逻辑能力使其明确，语言是以推理的方式"清晰"说出的。知识的语义建构引入社会实践的概念，从而接纳了可靠的非推论理由。推理主义理论大致可以分为两个阶段。第一阶段的主旨为规范语用学，意义应当在概念的使用中得到理解，断言的意义是其在推理活动或理性活动中所产生的规范作用。第二阶段强调推理语义学，解释语句以及子句、单称、代词等如何在推理中被赋予意义。通过对可靠主义洞见与盲点的剖析，以"承诺"取代传统知识"信念"，使语言与行动超出一般性的知觉意义得以介入逻辑理由空间，"推理"与"可靠"的内在相关彰显出特有的确证优势，具有显著的新实用主义倾向。

一、"理性"的再考察

(一)"智识"能力的提出

布兰顿以一种特殊的认知能力对语言主体进行了全新的界定,认为"我们"是拥有"智识"能力的语言共同体,语言的思考及表达是一种推论性的实践活动。布兰顿重新划分了语言主体认知能力的运用:"概念的恰当使用"归属于理性能力,并且在语言实践中具有优先性;在此基础上进一步将"使其明确的能力"从理性能力中区分出来,归属于逻辑能力。

在约翰·洛克著名的鹦鹉发声实验中,相同的环境下拿出某个红色物体,人类与鹦鹉都可以做出有声的回答:"那是红色的"。语言哲学家们思考这样一个问题:两个声音的意义之间有着怎样的区别?布兰顿通过对比二者之间的异同,进一步介绍了语言主体认知能力的特点及其在语言实践中的运用,为语言的心智建构提供了细致的说明。他赞同洛克本人在《人类理解论》第三部分中对此问题的结论——"人类产生的是表达性的声音,我们称为语言",并且对实验中的"观察报道"做出了"区分两层能力"的解释。鹦鹉的回答处于第一层即回应感观上的刺激所具有的能力,属于"可靠区别回应部署"的能力(Reliable Differential Responsive Dispositions)。人类相比学舌的鹦鹉具有更"高层"的能力:对语言概念的使用,智识能力(sapience)①使我们的回答具有了实践意义,从而区别于其他生物或人工智能产物的发声行为。我们作为真正的语言主体,对概念的使用遵从一定的规则并且会依照规则做出判断及付诸行动。其中,对规则的理解加入了社会实践作为使用背景的思考。因此,鹦鹉的回答仅仅是一种声音的产生,并不属于表达性的语言。洛克与布兰顿都不是"人类中心论"者,对比的目的是强调当人类在说出"那是红色的"时所体现出的智识运用是一种特殊的认知能力,我们作为语言的创造者与理解者拥有着"服从于更好理由的独特能力"。②智识的存在使言说行为具有了一种"潜在意义",概念的理解与使用基于一种暗示性的认识活动。语言主体对于环境刺激所做出的回答需要理由,同时回答本身也可以作为其他实践活动的理由,在"给出与寻求理由"的推论关系中掌控语言实践活动。我们能够做出断言,在断言中明确推理关系,并在之后的推理活动中做出迁移(move)。布兰顿认为语言实践活动中应区分两种词语:"一种是以自然的、物理词汇的回应,另一种是社会实践的规范性词汇。"③前者可以看作本能的回应,后者需要智识能力使我们能够在推理中掌握语言概念的规范性,推理出清晰的规范性词汇进行思考或者表达。

---

① Robert Brandom. From a Critique of Cognitive Internalism to a Conception of Objective Spirit Reflections on Descombes' Anthropological Holism[J]. Inquiry, 2004(47): 238.
② Robert Brandom. Making it Explicit: Reasoning, Representing, and Discursive Commitment[M]. Cambridge, MA: Harvard University Press, 1994: 5.
③ Robert Brandom. Tales of the Mighty Dead: Historical Essays in the Metaphysics of Intentionality[M]. Cambridge, MA: Harvard University Press, 2002: 350.

"智识的存在"能够在实践活动中能动地管理自身认知的规范，通过意义间交换的实践使语言行为通过"断言"成为一种社会性的实践活动，断言之间的联系是一种推论性的实践活动，参与者包括说者、听者以及书面形式的概念使用者。语言主体会在实践活动中持有一种规范性态度，它建立在规范性身份归属的基础之上（"归派规范性身份"），决定着我们承认语言或行动的"恰当性"并且能够在之后的执行中做出适当的处理。这里区分两种不同的规范：一种是运用感知能力承认，比如酸的味道、红色的物体等；另一种是通过领会与理解去承认规范，以行动的执行去承认并遵从规范。运用感知能力承认规范是一种较为简单的规范态度的指向。第二种是智识能力运用的体现，对规范的承认包含感知的承认以及规范性态度对于规范执行的管控，规范的权威使我们承认"应当"（ought）怎样去做。

布兰顿对规范性态度与规范身份进行了区分，要求以多重视角来看待语言实践。语言实践活动作为一种社会实践活动，使用概念的规范建立在规范性态度之上，我们并非受到概念规范本身的约束，而是受到对规范的理解的约束。规范性身份是由语言共同体中所有的单一评价共同构成的。规范性态度以及规范性身份的建立应基于"I-thou"而非"I-we"的结构，这种区分保证了规范性身份不会等同于个人的规范性态度，即将"自身承认一个承诺"与"为他人归属承诺"做出区分从而保证了概念规范的客观性。这意味着言说行为发生时，我们已经采纳了其他社会实践的规范性态度，规范性身份同时具有一种社会身份的属性，通过实践者的规范态度的改变处于动态的变化中。显然，实验中鹦鹉的回答不具有规范性态度，因此不涉及概念的推理活动，这是它同智识存在的根本差别。"我们在做出断言时，当讲出句子'这是红的'实际上是一种无意识的进行了推理的表达。"[①]智识能力具有在实践中运用概念的能力，断言在语言实践中具有一定的"特权"。布兰顿在推理活动中关注断言的内容，他认为断言内容决定着断言行为的理解。一个断言行为包含着其他言说行为，同样其他言说行为依赖于断言。我们对于断言"某物是红色"有着更多的理由，比如它是有颜色的。我们的回答是语言实践中推理的结果，再进一步可以区分它是"浅红色""深红色"。做出一个断言是推论实践的基本形式，断言具有的命题内容是推论的基本素材。理由在推理关系中"扮演某个角色"，这个角色就是断言中命题的语义内容，语言主体理解并掌握了这个理由就意味着能够在其他的推理与断言中使用，从而使语言交流得以可能。这里，一个人可以说出一个执行，除非他同样具有做出断言的能力。比如，说出"关上门"是具有做出断言"我认为门可以被关上"的能力，我们会以不自觉的方式捍卫断言或进一步得到一些结论。断言中包含的内容同社会实践是相互关联的，社会实践是语言的一个组成部分。断言存在于自身给出的理由之中，同时位于其他寻求的理由之间，断言之间的关系潜在的连接便构成了推理。断言的推理活动既可以为自身给出理由，又能够作为其他断言的理由，我们在

---

① Robert Brandom. Articulating Reasons: An Introduction to Inferentialism [M]. Cambridge, MA: Harvard University Press, 2000: 191.

断言的推理中掌控着语言实践。这里,"知道如何"(know how)归属于理性能力的运用,"知道什么"(know what)归属于逻辑能力的运用,二者都是语言主体作为智识的存在最重要的特点。布兰顿强调:知道怎样去做优先于说出所做的内容。①

(二)语言主体能力的再划分

布兰顿对智识、理性、逻辑能力的介绍与区分向我们展示出他的语言哲学中的理性实用主义特点,是对传统理性主义同实用主义认识论的结合及发展。"我们作为理性的存在,在这个意义上做出断言并对其寻求与给出理由(在断言和推理的实践活动中)但并不是逻辑的存在,所有认可的推论是实质推论并且没有表达式的使用,明确-推理中发挥作用的是逻辑词汇的特点。"②理性能力使我们能够断言,逻辑能力使其明确。

1. 理性能力说明

简单来说,理性能力是语言实践活动中的推理能力。语言实践基于主体使用概念的断言行为,掌握一个概念就是掌控"概念的推理"。理性能力使我们能够做出断言,并且通过实践活动中的评价(奖惩)掌握使用概念的规范。布兰顿的策略是以奖惩说明评价,以评价说明态度,再以规范态度说明语言中隐含的规范。他诉诸"承诺"(commitment)与"资格"(entitlement)两种规范

---

① Robert Brandom. Making it Explicit: Reasoning, Representing, and Discursive Commitment[M]. Cambridge, MA: Harvard University Press, 1994: 23.
② Robert Brandom. Replies[J]. Pragmatics and Cognition, 2005(13): 241.

性语汇并以"道义计分"的方式对语言实践中理性对语言的建构进行了更加细致的刻画。

规范性态度是语言主体对语言执行所产生的一种评价,同时包含了承认其他执行中的规范性身份,并以此为依据在之后的执行中做出适当的处理。这种承认可以看作社会实践中的一种评价——奖惩(sanction),它作为一种实践活动是与自身实践相分离的。规范性身份的确立意味着有义务承担某个执行,并获得了某种相对应执行的权利,并能够把不符合的从中分离出来。同时,理性能力使我们可以优先领会那些不符合的执行并在评价相应的执行前就已然采纳了一种规范性态度,在思想中或语言的使用中使其明确。这里,评价分为外在的奖惩(external sanctions)与内在的奖惩(internal sanctions)。[1]外在的奖惩是否定一个执行并在之后引起不相符的行动的减少。相反,内在的奖惩是仅在理解规范内部的条款中进行,通过改变执行的规范性身份而完成。内在的奖惩能够自身依赖于外在的奖惩,在接下来的行动之中评价一个规范性身份的改变。因此,语言实践活动中所有的奖惩都是内在的。

智识能力不能作为一种自然主义的还原式的说明,概念活动的说明应使用规范词语。布兰顿引用"承诺与资格"代替"义务与权力"作为说明的规范性词语,"承诺"与"承诺的资格"是两种不同的规范身份。"承诺"就是具有了一定的规范身份,这种规范身份同时是一种道义身份。承诺与资格源于规范态度,存在两

---

[1] Robert Brandom. Making it Explicit: Reasoning, Representing, and Discursive Commitment[M]. Cambridge, MA: Harvard University Press, 1994: 44.

种规范身份的产生,一种是对自己的评价,另一种是为他人"归派"规范身份。承诺与资格代表两种不同的语言实践中的恰当性。布兰顿采纳了社会视角,强调规范身份是通过个人相互归派以及承认从而建立起的一种社会身份。因此,承诺与资格的认定归因于其他实践者的认可。以这样一个例子来说明承诺与资格的关系:在周一的早晨我要去上班,如果我准时到岗,意味着单位采纳了一个规范身份,承诺我表现良好,我和所有的同事(语言实践参与者)就是将这种承诺归派给单位,我认为其做出了一种承诺,如果在月底以此理由扣工资就违背了这种承诺,从而我就会进行奖惩,比如向有关部门投诉。这种方式同语言实践中的理解是一致的,以他人对于承诺的实践态度,即认为的具体承诺的内容,我们才能理解对应的规范身份。承诺可以通过资格来理解,承担一个承诺意味着赋予归派承诺的人一种在不履行承诺时做出相应奖惩的资格,这种奖惩会导致规范身份的变化。各种规范态度与道义身份的改变以互相定义的方式在社会实践中关联起来,每一个实践都以默会的方式改变着规范身份。

道义计分的模式更清晰地说明了我们的推论性实践。计分以一种函数集合的方式作为适当与不适当使用概念的规范性的界定,语言实践中规范身份是一种承诺与资格的"道义身份",语言每个阶段的得分都可以用函数来计算,并且它规定了得分的方式,参与语言游戏就如同游戏得分一般能够清楚自己的执行会引起怎样的后果。这里,思考和言说就像棒球比赛中的计分,得分与计分建立了规范身份,我们作为得分者同样会归派他人的规范身份成为计分者，他人亦作为得分者与计分者，每一个计分都构成共同体得分的一个视角。在棒球比赛中，此局的得分同下一局的得分具有相关性，布兰顿以"承诺"和"资格"来理解语言的相关性，我们对掌控这些状态具有一种权威，传统的道义解释是具有"应该怎样"的一种规范性身份。比赛中击球仅仅作为可以得分的身份的执行，"承诺的道义身份只是保持得分"①，承诺与资格都是"游戏者"间接的行动形式，通过道义身份（规范身份）的归属而影响最终的计分。他强调言语行为是社会实践的一部分，计分是对于游戏者的承诺与资格并承担自己的承诺，承担一个承诺表现为在断言行为中隐含地承认了其权威性，这种解释是在"社会—我们"的基础上"我—你"所意识到的社会实践。

语言实践活动中，做出一个断言意味着对断言内容做出了一个承诺。理解语言实践就是要理解断言之间的推论关系，有以下三种基本形式：承诺了一个断言是对另一个断言的承诺——承诺保持（commitment preserving）；承诺一个断言具有了承诺另一个断言的资格——资格保持（entitlement preserving）的关系；第三种是不相容（incompatible）的关系。②其中，前两种都是一种承诺的继承，第三种不同于前两种，承诺涉及前提而结论涉及资格，断言中一个承诺取消了另一个承诺的资格，这种并非形式的否定而

---

① Robert Brandom. Making it Explicit: Reasoning, Representing, and Discursive Commitment[M]. Cambridge, MA: Harvard University Press, 1994: 194.
② Robert Brandom. Making it Explicit: Reasoning, Representing, and Discursive Commitment[M]. Cambridge, MA: Harvard University Press, 1994: 168.

是推论的实质是不相容的关系。这是三种不同的"实质推论",断言行为就是通过这三种方式进行,主体以做出认为恰当的承诺,并使之作为其他断言的前提或者结论。因此,许可一个断言就是对于他断言授予了一定的资格,理性的存在只有"默会"自身具有做出这个断言的资格的时候才会做出断言,并且自身具有为其辩护的理由。三种实质推论的关系都引起了道义身份的变化,语言主体在实践中为自己与他人的承诺与资格计分。断言的这种双重角色使其具有了命题内容,断言所表达的概念内容就是这种推论关系中所扮演的角色。

传统分析哲学中将一切"使用概念的能力"统称为理性能力,布兰顿将其重新界定为智识能力,并且以特别的方式对理性能力的运用进行说明。这种划分的原因在于他认为对语言实践而言,理性能力是一种更为基础的能力,它仅仅需要能够鉴别"好的推理"而不必精通逻辑词汇。理性能力使主体能够对推论做出区分,"给出与寻求"理由参与语言实践活动,这里的推论是一种实质推论,并且形式正确的推论是实质推论运用逻辑能力做出的明确的表达。

2. 逻辑能力说明

设想这样一个场景:我们在骑自行车或驾驶汽车的时候,尽管没有使用语言,但具有了某种能力,反之也成立。比如:"一个老成的高尔夫教练可以告诉某人需要改进摆动的动作,而自己却没有这样的能力，这种能力不需要部署语言。"[1]布兰顿指出：我们能够说话，但并非具有明确部署词汇的能力说出符合形式的内容。以明确的逻辑词汇部署语言作为逻辑能力在语言表达中的运用，是智识能力的另一种体现。理性能力与逻辑能力是"内隐"与"外显"的关系，逻辑能力也是一种理性能力。但是，语言主体可以仅是理性的存在，但不可以仅是逻辑的存在。

表达是一个习得的过程，获得这种能力的方式是从其他实践中习得。"不是仅仅使它清晰而且是我们在使它清晰的时候自身清晰。"[2]（麦克道威尔将这一过程称为"教化"）语言的习得并不局限于言说能力，它可以如例子中一样，看作一种实用能力，源于其他有此能力的人的执行。逻辑能力的运用能够以明确的语言以及非语言的行动（比如打球）来明确表达内容，并且它可以包含于明确表达的断言中，同样成为某个行动的理由以及作为寻求的理由。明确的规范形式使隐含的社会执行意义成为清晰的条款，社会实践中规范的编纂遵从于实践的参与者，因而主体自身就受到规范实践内在的不成文的制约。规范隐含在社会实践中，逻辑术语的功能就是解释语言实践，使语言中所暗示的内容明确。语言实践包含断言的行为，语用维度；以及所断言的内容，语义维度。因此我们需要两种逻辑词：一种是有条件作用于语言实践，

---

[1] Robert Brandom. Making it Explicit: Reasoning, Representing, and Discursive Commitment[M]. Cambridge, MA: Harvard University Press, 1994: 31.
[2] Robert Brandom. Making it Explicit: Reasoning, Representing, and Discursive Commitment[M]. Cambridge, MA: Harvard University Press, 1994: 650.

使语义维度明确;另一种是如"承诺……"的言说作用于语用维度,使暗示的内容被明确。在我们说出之前只承认所做的迁移,逻辑能力使其发展成为可能的概念。言说的实践活动包括三个方面。第一是编纂即掌控逻辑词汇,明确隐含在理性实践中的规范形式。第二是做出判断,以成文的规范约束实践,实践者可以使用这些规范作为其他断言的理由。第三是自我意识,在话语实践明晰的过程中自觉意识到自己与他人作为理性的存在。认识到隐含的规范从而掌控语言,在推理的基础上修正自己的承诺,逻辑能力能够在这些关系之间批判推理并与自身相关联。一个人并不能独自同时明确一切理性实践活动,但可以以零散的方式发现、修正及发展推论性承诺。

布兰顿让我们思考"潜在和实际之间的差异"[1]。一方面,理性能力能够依从实战中的阐释方式使用逻辑词部署语言;另一方面,这种潜在的实现有能力充分部署逻辑词,能够说明实践中所暗示的内容。逻辑能力就像一个特殊的认知工具,明确所暗示的可以证明某些真理。那么,什么是逻辑能力独有的而理性能力不具有的能力呢?布兰顿的回答是:"逻辑是语义的自我意识的工具"(logic is the organ of semantic selfconsciousness)[2]。理性存在是有意识但尚未实现掌握的逻辑词的言说,自我意识在这里并非感知的或"笛卡尔式"的,而是智识能力的体现。具有理性能

---

[1] Robert Brandom. Between Saying and Doing: Towards an Analytic Pragmatism[M]. Oxford: Oxford University Press, 2008: 34.
[2] Robert Brandom. Making it Explicit: Reasoning, Representing, and Discursive Commitment[M]. Cambridge, MA: Harvard University Press, 1994: xix.

力的情况下能够断言,逻辑能力包含了推理的实践能力以及部署词汇并做出形式上"明确"的断言。布兰顿以"多层蛋糕"①来比喻他考察主体能力的结构图景,强调理性能力于"理由空间之中存在和迁移"以及是"屈从更好理由的独特能力"。理性的存在不必一定是逻辑的存在,而逻辑的一定都是理性的。理性能力使用语言的水平是基础性的,位于蛋糕的第一层。在一些情况下我们组织部署语言的实践,语言及语言的发展会是不连贯的,原因是缺乏逻辑词汇。②这种能力可以对外部发出指令,内部可以质疑与批判,一个具有理性能力而没有逻辑能力的人对此具有的必要条件是处于"理由空间"之中,除非能够把理由明确并且内在地做出评价,否则就不是真正的理由与断言。因此,智识能力所包含的理性能力与逻辑能力是两种不同的认知能力,理性的存在一定是智识的存在,但并非每一个理性存在者的推论活动都需要部署逻辑词汇,理性能力与逻辑能力是彼此独立的关系。

对于语言的表达,布兰顿划分了语言主体的三种能力:简单的能力,就像鹦鹉也具有的发生能力,不属于语言实践活动,包含着一部分的感知能力;理性能力,模型中语言游戏的参与者与得分者所具有的能力,属于社会实践的范畴,通过推论性实践处理自身的行动以及对其他实践做出迁移;逻辑能力的拥有者也是

---

① Robert Brandom. Tales of the Mighty Dead: Historical Essays in the Metaphysics of Intentionality[M]. Cambridge, MA: Harvard University Press, 2002: 328.
② Robert Brandom. Making it Explicit: Reasoning, Representing, and Discursive Commitment[M]. Cambridge, MA: Harvard University Press, 1994: 384.

理性的存在，精通一些词汇，使其在语言实践的行动中意识到自己所扮演的角色。"我们"既是理性的存在也是逻辑的存在，并且是拥有感知能力的"智识"群体。我们应当把语言主体看作处于特殊的认知活动中，语言的建构是被解释的，这种解释自身就是一项活动，主体说出的话语或提出的问题是已经超出解释行为本身的。一个理性主体进行解释，对于自身的解释就需要"得分者"的那种能力去归属话语类别，并在话语中嵌入概念的结合，理性的存在的解释证明其具有逻辑能力。这在游戏中是一种"均衡"的解释，实践者能在游戏中得分并且能够意识到自己有得分的能力。"理性能力者言说的行为，把内容纳入到我们的言语行为方式中，使我们和他们的交谈得以可能。至少能够在断言中推理，或在我们的推理中作为前提使用……理性，通过我们获得的内容的解释，对自身的定义以及衡量。"[1]社会实践的解释是一个理性的实践，解释的实践为什么需要具有理性和逻辑能力呢？布兰顿的回答是，言说者自身的规范。"我们在寻求和给出理由的游戏之中，我们处于规范空间，潜在的规范建构了我们自身的实践活动，彼此言说并评价概念的运用……这是个可以说明的实践结构，它通常源于规范空间内部，源于寻求给出理由的实践的规范性。"[2]解释最早是内在的，并不是所有规范都是理性的规范，以及所有的

---

[1] Robert Brandom. Tales of the Mighty Dead: Historical Essays in the Metaphysics of Intentionality[M]. Cambridge, MA: Harvard University Press, 2002: 4.
[2] Robert Brandom. Making it Explicit: Reasoning, Representing, and Discursive Commitment[M]. Cambridge, MA: Harvard University Press, 1994: 648.

规范都必须明确为逻辑词汇。语言实践活动将暗含规范的以语词使其明晰,语言主体的适当执行是一种规范性态度以及规范性身份,我们以自己的规范在语言游戏中解释他人的执行。理性及逻辑能力的执行处于规范空间并且是自身给出和寻求理由的规范性实践,一个人能够在实践中理解并掌握概念,证明他明确了在这个实践中所暗示的规范。

布兰顿对语言主体能力的说明与划分以环环相扣的方式向我们描绘出心灵对语言的理性建构:语言是以推理的方式"清晰"说出的。"智识"主体推论性的实践活动突出了理性对认识的能动作用。"表达的第一步依据语用学,归属得分的实践态度和承认承诺与资格的道义身份。下一步以社会实践建构说出的内容,以明确推论实践为目的。"①理性实用主义对传统认识论中表象主义与基础主义理论的深刻批判,展示出关于概念、心灵与知识的全新构想。

二、知识的语义建构

(一)摒弃意义的"关系主义"

布兰顿以"三层视角"的方法精致刻画了推理主义语义学。三个层次逐步递进,每一层次都以之前内容的说明为基础,层层相扣、互为依托。从迁移活动(i)推进到推理意义(ii)进而延伸

---

① Robert Brandom. Making it Explicit: Reasoning, Representing, and Discursive Commitment[M]. Cambridge, MA: Harvard University Press, 1994: 650.

至概念内容（iii）[①]。布兰顿赞同塞拉斯对语言意义的理解方式，摒弃将概念意义视为词语与世界的相符合，主张在概念的推论性实践中理解语言的意义。推理主义理论的建构大致可以分为两个阶段：第一阶段的主旨为"规范语用学"，意义应当在概念的使用中得到理解，断言的意义是其在推理活动或理性活动中所产生的规范作用。第二阶段强调"推理语义学"，解释语句以及子句、单称、代词等如何在推理中被赋予意义。

当一个正常的成年人说出"猎犬意味着狗"，这个表达涉及语词意义的探讨。一种很自然的解释为：意义是断言与世界间的关系。一个语词意味着某个事物，因为它与这个事物之间存在着某种特定的联系，"猎犬"的表达描述了与"狗"的类别之间的特殊关系。这种关系可以是因果关系，通过因果产生某个"标记"。抽象主义（Abstractionism）给出了关于这种关系的另一种解释：概念的意义源于一个特定种类对象经验的抽象。然而，就像弗雷格的例证中，"晨星"和"暮星"所指同一个物体即金星，如果根据"标记"理论就会有相同的意义，但是"早晨之星是黄昏之星"的断言事实上是在报道一个科学的发现，显然在实际的表达中要求二者必须具有不同的含义。因此，任何意义的因果关系理论都必须从"标签"理论中分离出来，因为意义的因果理论面临另一困难：它无法处理像"数"或"逻辑"的表达式。比如，"5""E""或""不"这类有意义的表达似乎并没有合适的事物作为该表达式的意

[①] Robert Brandom. Making it Explicit: Reasoning, Representing, and Discursive Commitment[M]. Cambridge, MA: Harvard University Press, 1994: 484, 635.

义,即使我们承认有这样的表达方式,也不清楚它们的意义究竟是如何构成的。对于传统语义理论的困惑,塞拉斯认为问题的根源在于将意义视为语词与其他事物之间的关系,无论这种关系是怎样的类型都是可疑的。如果认为每一个语词都与对应的事物相关,我们转而关注另一猜想——"这些事物又是什么?"它们通常只是某个人或一类人的精神状态而非简单的物理对象,尽管我们并没有"看到"或者"感觉到",他们依然与其具有某种独特的关系。知识论的问题恰恰在于这种关系的盘问。

对此,塞拉斯主张我们应该放弃意义是一种关系的观点。[1]事实上,他并不否认词和世界之间的关系,相反如果没有这种关系,表达将丧失意义,他所否认的是这种关系本身构成了表达的意义,一种完善的意义必须涉及语词同世界的关系。塞拉斯信奉意义的"规范功能作用理论"即话语是规范性的活动,任何表达的意义都是由它与其他的表达方式和理性活动的关系所构成的。这包括言语、思想、知觉和行动等内容,从而避免谈论"意义的关系"或"非意义关系"这样的话题,重要的是这一主张并不只是用来描述语言(非语言)的内容同世界之间的关系,而且包含了一种思考"断言"的独特见解。当我们给一个语词加上引号的时候,就创建了一个条款的分类。"狮子是黄褐色的","狮子"并不是指某一个狮子而是"一组"狮子,"狮子"或"狮子是黄褐色的"基本上在讲同一件事物。同样,例子中使用"猎犬"并非试图说明究竟什

---

[1] Wilfrid Sellars. Meaning as Functional Classification[C]// Kevin Scharp, Robert Brandom. In the Space of Reasons: Selected Essays of Wilfrid Sellars. Cambridge: Harvard University Press, 2007: 81.

么是"狗"。对此，塞拉斯认为我们需要从另一种方式思考"猎犬指的是狗"所产生的作用，"狗"在这里是一个"说明种类"同时意味着将这组表达进行归类。当主体说出"猎犬"就意味着"狗"，我们有效地输送分类使"猎犬"在自身的语言分类中陷入某种角色，关于认识这种方式可以作为"S 是 P"的另一种理解形式。

塞拉斯在批判"所予神话"的论述中表明，"S 知道 P"，信念 P 需要理由的同时也可以作为其他信念的理由，认识片段或状态的归因体现出语言规范性与社会性的双重维度。断言产生的同时表明一种立场：承诺或有资格做某事。语言的理解与表达是一种给出理由与寻求理由的规范性活动，概念间的推理使语言获得某种能被领会、得以交流的意义。他反复强调，概念内容无法脱离于它在理由空间中所产生的作用而得到理解，信念内在于"逻辑理由空间"。断言不仅是在描述一种事实，类似于"知道""理由"等言说行为包含了大量的且富有旨趣的哲学概念，其独特的语力作用被塞拉斯称为"规范功能"。语言表达的规范作用包括与知觉和行为的理性联系，其作为"语言入口与出口"[1]即认知与非语言的意向活动，形式推理并非唯一的有效推理的类型。传统语义理论中，一个好的推理指其推理形式的有效性，这种推理不同于涉及内容的实质推理。那么，这两者之间的区别是什么？为什么塞拉斯认为推理对于语言及认识是必要的？

---

[1] Robert Brandom. Making it Explicit: Reasoning, Representing, and Discursive Commitment[M]. Cambridge, MA: Harvard University Press, 1994: 10.

对此，塞拉斯认为一个完善的语义理论必须为实质"好"的推理留有余地，我们必须认识到"好的"的推理实际源于实质推理，不好的推理可以转化为形式有效的推论，它是表达式的语力作用必不可少的一部分。意义并非语词与世界之间的某种单纯的关系，断言的意义也不仅仅是对这种关系所做出的描述，实质推理才是语言表达式的核心内容，表达的意义基于其规范在语言中的推理作用，好的实质推理是意义的重要组成。布兰顿受到塞拉斯的启发，他把推理对语言及认识的作用细致地展现出来，建立起一种语义理论是趋于完善的、植根于语言实践的、体现规范功能主义的意义理论。

（二）理性先行遵从规则

布兰顿将语言主体界定为"概念的拥有者与使用者"，语言的理解与表达就如同"寻求和给出理由"的游戏，理性思考与付诸实践就是语言主体要为之负责的东西。概念内容源于概念的使用，做出一个断言是参与语言实践的基本形式。"断言具有命题性的内容，本质是一种涉及推理的语言实践活动。"[1]

布兰顿的语义理论支持整体论的观点。[2]概念并非独立存在，概念间的关系是一种依靠推理而相互连接的整体网络，语言实践

---

[1] Robert Brandom. Making it Explicit: Reasoning, Representing, and Discursive Commitment[M]. Cambridge, MA: Harvard University Press, 1994: 168.
[2] Robert Brandom. Making it Explicit: Reasoning, Representing, and Discursive Commitment[M]. Cambridge, MA: Harvard University Press, 1994: 89.

中的语句由词汇组成,断言由概念通过理性的推理而建构。因此,拥有一个概念意味着拥有多个概念,主体对概念的理解与掌控也就是对它而言,我们首先要在思想中明确:这个概念是从哪里推出的?在对这个概念的使用中又能够推出什么?如此推论性的实践活动使语言交流得以可能,当且仅当主体知道如何推理才算作真正知道如何使用概念,同时意味着在概念的使用过程中做出了适当的"承诺"。语言的规范决定了语言主体本身所承认的东西,一种正确的规范的标准可作为概念得以运用的理由,概念的运用既要给出理由也可以用作理由,在社会实践活动的基础上将概念规范性的理解纳入推理关系并且很明确地知道其使用的适当与否。规源于赋予概念内容的实践活动,它使判断和推理具有规范性特质并且决定了我们如何恰当地使用概念。布兰顿强调:概念主体与非概念的存在物之间的区别就在于是否承认这种规范性。"除非人们能够明白错误的可能性,否则他就不能拥有信念,并且需要掌握了真理和错误的对比度——真的信念和假的信念之间的差别。"[1]布兰顿将其总结为三种要素:在适当的语境中使用、概念使用适当的结果以及从语境到结果这一推论过程的正当性。语言交流基于主体在"规范空间"内遵从语言规则——概念恰当的使用。

其中,规则主义以柏拉图主义或理智主义理解规范,理性主体的语言及行动受到规则的约束,规则形式为通过命题所表达的

---

[1] Robert Brandom. Making it Explicit: Reasoning, Representing, and Discursive Commitment[M]. Cambridge, MA: Harvard University Press, 1994: 151.

内容，行为的恰当性取决于是否"符合规则"，并且以此来规范我们应当做什么或者什么必须做。长久以来这种明晰的规则作为规范的主要形式，语言实践恰当性的标准等同于是否符合清晰规则的表述。比如康德将规范视为如同法律一般的实践准则，我们对规范的遵从以及对行为的评价犹如遵守法条，那种决定判断与行动的东西就是规则。维特根斯坦在《哲学研究》中对规则进行了论述，他认为规则需要在正常的环境中正确地运用，而对于应用的规则同样需要做出对错的说明即需要另一条规则的解释，因此导致了规则的无穷倒退。规则主义认为学习一种语言就是习得如何遵守规则使用表达式。此外，规律主义将规范看作行为的规律，规则就对这样规律的描述，行为者并不需要表达它，而是在不明确形式的情况下做出遵守规范的行为。对此，塞拉斯以语言的习得的角度论述了规则的无限倒退。[1]布兰顿支持塞拉斯的结论：理性主体对于规则的"服从"（obedience）与"符合"（conformity）存在显著的差异。

---

[1] 论述过程大致如下：学习使用一种语言（L）就是学习遵从 L 的规则，这要求做出某个行动（A）的规则包含了 A 的表达式的语句。因此，一个规则要求语言的使用表达（E）是指一种语言中包含 E 的句子——换而言之，在元语言（meta-language）中（语言分析用的语言）的句子。因此，学习遵守 L 的规则预设使用元语言的能力（ML）。所以，学习使用一种语言（L）的前提是已习得元语言的使用（ML）。同样的道理，学会使用 ML 的前提是学会使用元元语言（MML）等。然而，这是"恶的"倒退，论题是荒谬的，因而必须予以拒绝。参见 Sellars. Some Reflections on Language Games[C]// Kevin Scharp, Robert Brandom. In the Space of Reasons: Selected Essays of Wilfrid Sellars. Cambridge Mass: Harvard University Press, 2007: 81.

"我们必须转向自身,即意义产生的主体,并且认识到我们的活动本身决定了规范。"①理性主体具有某种源于社会实践的知识从而获得语言概念的规范,我们在理解概念的规范性之后才在真正意义上知道如何使用语言,概念的使用应当在语言实践的推理关系中明确概念之间的关联性、不相容性以及恰当性。我们"知道"具体概念所包含的实际效果然后给予施用概念的理由,同时它亦可以作为其他概念的理由,所有理性参与者在游戏中就是在遵从一定的规则下使用语言,因此那些在某种概念上被理解后去遵从的东西才是真正的规范。概念的规范性是一种理性意义上的规范,并在语言交流中隐性地支配着我们的语言实践活动。语用的规范概念强调行动的正确与否是规范的实质,并且是明确表达的规范的基础。智识的存在物除了受到物理法则的制约之外还受制于理由的独特力量,这是理性主体的本质特点。如果将概念的规范性还原为一种因果性,就会失去意向活动的规范特质。因此,我们应当"拒绝规则主义的理性规范,同时避免非理性的规则主义"②。

布兰顿在塞拉斯的"符合"与"服从"之间走出一条中间道路③:"隐含于实践中的规范"是一种可靠的实践能力并能在实践中对其进行评价,"规则清晰的规范"预设隐含于"实践中的规范",

---

① Robert Brandom. Making it Explicit: Reasoning, Representing, and Discursive Commitment[M]. Cambridge, MA: Harvard University Press, 1994: 49.
② Robert Brandom. Making it Explicit: Reasoning, Representing, and Discursive Commitment[M]. Cambridge, MA: Harvard University Press, 1994: 32.
③ Robert Brandom. Making it Explicit: Reasoning, Representing, and Discursive Commitment[M]. Cambridge, MA: Harvard University Press, 1994: 26.

理性主体可以在不明确规则的情况下做出符合规范性的行为。语言主体在社会实践中优先"知道"这个概念从何而来以及如何使用。其中,"知道如何"区别于"知道什么","知道如何"是理性主体的一种实践能力作为一种隐性的规范形式发挥作用,"知道什么"是对这种能力的明确的表达。传统的理性是一种逻辑能力,布兰顿采纳了社会实践中对推理内容的表达,倡导一种广义的认知能力,"知道什么"源于"知道如何",强调隐含于实践中的规范更具有优先性,它超出了个体经验而具有了普遍必然性。[①]主体对当前语言的理解与表达同样建构其他的语言实践活动,我们所表达的或接受的是在其他实践活动中早已被暗示的。推论性实践所遵守的是一种更为原初的行动准则,这种理性的规范区别于明晰形式的规则,一并作为一种隐含于概念实践的规范,它潜在地决定了应当(ought)—如何—做出迁移(move)。

  布兰顿采纳了现象学的说明方式,以"规范态度"这一概念对隐含于实践中的规范做出进一步的解释。我们对规则的态度相当于一种中介来规范我们的行为,规范态度意味着给某人归派一种规范的身份,以评价实践来表达规范态度,评价本身也是一种理性的实践活动。他诉诸奖惩的实践做出自然主义的解释,无论是奖励还是惩罚都会进一步强化接下来的行为,关键在于奖惩这个行为本身也存在对错之分,并且它以通过改变其他行为的规范而具有约束效力,这种权威内在于主体的概念识别系统。"知道如

---

① Robert Brandom. Making it Explicit: Reasoning, Representing, and Discursive Commitment[M]. Cambridge, MA: Harvard University Press, 1994: 20.

何"就是默会地遵从了某种概念的规范性的使用要求、本质属性以及后果。布兰顿的主要方式为以行为所得到的奖惩来说明评价，然后再以评价说明态度。这种方式区别于规律主义的因果性，评价同时作为一种社会实践特指施于评价的是整个共同体。[1]我们对每一个规范的评价态度都相关于其他行为的评价，以至于导致规范身份的变化。个人的实践活动总和组成了语言共同体，其评价具有最高权威。布兰顿将客观性看作实践问题，我们只有在语言实践中才能够明确哪种概念的运用是恰当的，即给出更好的理由。如此，共同体所赞同的规律才是实际意义上的规范，规范态度仅仅是一种个人行为，个人通过归派"认可"的评价的活动成为共同体的成员。如果仅限于实际行为来说明，那就是外在的奖惩。"内在奖惩"涉及行为的规范身份，它内在地被我们所识别。因此，倘若我们以内在奖惩来表达规范态度，那么行为的正确性评价则会影响到其他的评价，所以选择以整体态度解释规范，共同体所做出的评价具有独特的权威，从而保证了概念规范的客观性。

　　社会实践作为语言交流的重要组成，它使我们对语言概念达成一种共识，推论性的实践使概念意义成为理性主体的共同理解。概念间的推理蕴含着社会实践中默会的规范，语言交流基于理性对语言概念规范的先行遵从。

---

[1] Robert Brandom. Making it Explicit: Reasoning, Representing, and Discursive Commitment[M]. Cambridge, MA: Harvard University Press, 1994: 146.

(三) 意义源自推理

布兰顿秉承"实践优先"的实用主义准则,将"推理语义学奠基于规范语用学"[①]引入社会实践,以概念使用的规范性来说明其表达与行为如何被赋予概念内容,即通过概念的推理来说明语言意义。推理主义遵循康德的理性方式,将判断视为经验的最小单位,语言的表达与理解依赖于人类所特有的智识能力被生动地比喻为"概念的兜售",其本质上是一种规范性的、包含理解的社会实践活动。语言主体掌握一个概念即能够在规范之上对其进行相关的推理,明白其所产生的原因以及会导致怎样的后果。推理主义由语言实践的说明推进到语言表达语义内容的说明,进而说明语义的表征维度。"断言"作为推理的基本单位,布兰顿通过对语句断言内容的说明进而推进到单称、谓词等次语句表达意义的说明。

传统哲学的逻辑理论把"有效性"理解为"真"的保持,当且仅当保证结论为"真"才是正确的推理。布兰顿不支持如此解释,他摒弃了以"指称""真理"等传统语义关系解释这种有效性,而是采纳"语用"与"非语义语汇"在语言的社会实践中理解语言的意义,提出"承诺"与"资格"两种基本的规范语汇来代表语言实践中两种不同的规范身份,把有效的或好的推理视为"身份的保留"(preservation of status),目的在于区分两种不同的"恰

---

① Robert Brandom. Making it Explicit: Reasoning, Representing, and Discursive Commitment[M]. Cambridge, MA: Harvard University Press, 1994: 681.

当性"并以二者的关系来理解"实质的否定"。布兰顿的语义理论提供了"根据实质推理准则来表达[语义]概念内容"[①]。上述两种规范身份是规范态度的产物,承诺意味着自身所处的规范身份,而资格是归因于(ascribe)他人的规范身份。如果主体做出一个断言导致丧失了做出另一断言的资格,那么这两个断言之间的关系就是不相容的。承诺与资格是同一实践不同维度的说明,承诺可以通过得到某种资格而被理解,或是诉诸取消某种资格的权利,这种说明建构了三种不同的实质推理关系:继承—保留承诺、许可—保留资格以及实质上的不相容。

布兰顿强调实质推理的有效性,参见下面这个例子对"实质推理"的概念进行简要的说明。断言"约翰在北京"对于"约翰在中国"是充分的,一个行为许可了另一个行为的产生,以及通过说"约翰在北京"的行为许可"约翰在亚洲"的行为,"约翰在中国"的意义部分是由其许可的行为构成的。再进一步试想,约翰的朋友邦德可能在电视上看到他站在长城上,然后充分认定他在中国,于是邦德将拥有取消计划去费城拜访他的"资格",上述都是"约翰在中国"意义的构成。那么,资格的寻求会有再次陷入无限倒退的危险?如果断言主体并没有认识到其中的理性关系或者并不认可这种关系,断言所产生的合理行动就不是意义的组成。这意味着,句子的意义只取决于言说者,语言交流如此看来就会变得不可能。对此,布兰顿以"默认与质疑"两种结构进行

[①] Robert Brandom. Making it Explicit: Reasoning, Representing, and Discursive Commitment[M]. Cambridge, MA: Harvard University Press, 1994: 137.

解释。"取消资格"最基本的方式便是出现一个"不相容"的断言，所以资格的无限倒退仅会出现在局部。①"道义计分"模拟出"自身承担的承诺"与"归因于他人的承诺"两种不同的社会实践视角，简言之：所有语言实践活动的参与者都记录着自己与他人的承诺和资格并以此更新分数。事实上，寻求和给出理由的游戏是不同计分者各异的处理，而且不存在"超级计分者"，所有的参与者以相同的方式改变得分，它取决于谁得分以及计分者的数量。任何单一的断言并非只有一种变化的可能，而这种潜在的可能性就是断言的推理作用。句子的推理作用不是通过实际的推论已经进行确定的，也不是言说者的某种倾向做出涉及它的推论，相反，它包含于由规范管控的推论当中。如果认定一个行为对所有的语言主体没有产生任何的推理作用，它就毫无意义可言。

传统语义学将语词看作意义的基本单位，以语言同世界的关系来探究语言表达式的意义。比如表征主义理论以"指称""对象""事态""真"等来说明语言的意义为基本策略，"单称"（singular term）与对象的指称关系或者诸如谓词（predicate）解释为某种性质或者关系的表达式。弗雷格提出"语义合成原则"，我们通过部分句子以及次语句的使用而掌握其意义与用法，从而具有重新使用一个新句子的能力。布兰顿反对这种传统语义学的说明方式："对意向的理解要从命题内容和表征内容两个维度来理解，并且强

---

① Robert Brandom. Making it Explicit: Reasoning, Representing, and Discursive Commitment[M]. Cambridge, MA: Harvard University Press, 1994: 176.

调推理先于表征。"①他承认命题的表征维度，并且看到语言实践活动中的表达不仅是关于某物的表征内容，还是一种命题，语言主体的言说及思想含有概念内容，它既包括我们所说的命题内容，又涉及关涉的某物指向认识对象。布兰顿主张以"推理"来探究语言表达的概念内容以及阐释"意向"，然而"对于推理者来说，推理理论主要的挑战是……解释语义内容的表征维度——用推理的方式解释指称关系"②。对此，推理主义语义学对次语句的概念内容解释中，布兰顿采纳了弗雷格语义的"替换"（substitution）理念建构"简单的实质推理承诺替换理论"③，以此说明次语句在推理中"间接"的推理作用从而完善推理主义的语义解释。下面这个例子将进一步介绍替代理论：

a. 乔治·奥威尔是人类。

b.《1984》的作者是人类。

c. 乔治·奥威尔是一种哺乳动物。

d. 乔治·奥威尔是一种动物。

从 a 到 b 的推理以及从 c 到 d 的推理都是替换推理。然而，两个推理间有着十分明显且相当重要的差异：第一个替换是可逆的，

---

① Robert Brandom. Making it Explicit: Reasoning, Representing, and Discursive Commitment[M]. Cambridge, MA: Harvard University Press, 1994: 496.
② Robert Brandom. Making it Explicit: Reasoning, Representing, and Discursive Commitment[M]. Cambridge, MA: Harvard University Press, 1994: xvi.
③ Simple Material Substitution-inferential Commitments, SMSIC. Robert Brandom. Making it Explicit: Reasoning, Representing, and Discursive Commitment[M]. Cambridge, MA: Harvard University Press, 1994: 372.

第二个则不然。也就是说,我们可以从 a 推理得到 b,同样可以从 b 推理得到 a;可以从 c 推理得到 d,但是无法从 d 推理得到 c。布兰顿以是否具有"对称性"取代传统语义学理论中关于"单称"和"谓语"两个重要的语法范畴。其中,单称的表达式仅涉及"对称"的替代推理,谓词涉及"非对称"的推理。[①]布兰顿对次语句概念内容的基本观点为:如果发挥相同的推理作用,就具有相同的意义。如果将一个表达式替换为另一个,即使这两个表达式有相同的意义,也并不能改变该语句潜在的推理。例如,"乔治·奥威尔"和"《1984》的作者"有相同的意义,如果 a 和 b 产生同样的推理作用,子句的表达在于替代"好"的推理所涉及的概念内容。"乔治·奥威尔"的意义部分由 b 至 a 的推理的所组成,由允许从"乔治·奥威尔是人类"到"《1984》的作者是人类"的"迁移"所构成。谓词在替换中具有一种派生性的身份——替换框架,它在替换之前并不能被识别出来而是派生于替换的过程。在一个语句中,单称拥有许多的替换备选,而所发生的替换只处于一个框架之内,因此谓词不能被"替换",只能被"取代"(replacement)。同样,次词语句的推理依然由语言规范所掌控。

除去单称与谓词,代词作为一种重要的元件在语义理论中占有重要的位置,布兰顿以"回指"(anaphora)理论对这种特殊的

[①] Robert Brandom. Making it Explicit: Reasoning, Representing, and Discursive Commitment[M]. Cambridge, MA: Harvard University Press, 1994: 457.

词项予以说明①。当我们表达"……是真的",就在构造一种代语句,源于"回指"前件所继承的语义内容。代语句通常与"他、她、它"这样的代词相关。例如:

(1)那个眼眸深邃、气宇轩昂的男士是个英国人,他是一位作家。

(2)乔治·奥威尔是《1984》的作者,他是一位伟大的作家。

两个句子都包含代词"他",(1)中的"他"指限定的摹状词,(2)中的"他"指的是一个专名,二者同样回指前件即"那个眼眸深邃、气宇轩昂的男士"与"乔治·奥威尔"都处于回指关系中,我们只要领会前件的语义内容就得到了"他"的语言意义。回指理论是对真理冗余论的再发展,当我们说"……为真"的时候并没有增加语义上的解释,推理主义的"真"并非观念同世界的相符合,而是来源于社会实践中的不同视角,本质上是一种对于言说者断言的认定。布兰顿将"真"视为代词语句的构造算子,其语义内容同样继承元件,当语言主体从自身的信念整体接受一个断言,就会使用"真"来进行指代。其中,"从物(de re)与从言(de dicto)是两种不同的命题态度,以此区分两种不同方式承诺内容的认定(attribute)"②。一般意义上,评价的共同体一致通过规范公共评价的"I-we"的结构,而规范身份的认定是一种个人的行

---

① Robert Brandom. Expressive vs. Explanatory Deflationism About Truth [C]//R. Schantz. What Is Truth? Hawthorne de Gruyter. Berlin&N.Y, 2002.
② Robert Brandom. Articulating Reasons: An Introduction to Inferentialism [M]. Cambridge, MA: Harvard University Press, 2000: 178.

为"I-Thou"的结构,理由如此达到交流主体间的相互转换,我们得以代之他人的承诺作为自己的理由构造信念。

推理主义语义学是一种"自上而下"的说明理路,其整体论倾向区别于表征语义学原子论的传统说明方式①,基于社会实践的规范语用视角刻画了概念推理的实践过程,完整地呈现出"概念内容源自推理"的语义建构要旨。

三、可靠主义的洞见与盲点

(一)可靠主义的基本洞见与概念盲点

布兰顿反对表征主义对象与符号的"符合"关系,因而选择在推理中说明传统语义理论"指称"的概念内容,这种方式产生出这样一个问题:如何从推理的语义理论中抽象出世界?知识应当是一种关于世界的看法,面对推理主义理论招致"丧失世界"的质疑,在《说出理由:推理主义导论》的第三章,他以理性实用主义视角重新审视,知识外在论的可靠主义知识理论,挖掘到可靠主义的两个重要洞见——"可靠主义的基本洞见"与"戈德曼洞见",与此同时揭示了传统可靠主义知识理论中所隐含的两个缺陷,即可靠主义的两个盲点——"概念盲点"与"自然主义盲点"。推理主义的知识图景在含纳可靠主义洞见的同时避免盲点,从而保证了我们表达的是一种关于世界的认识。

---

① Robert Brandom. Articulating Reasons: An Introduction to Inferentialism [M]. Cambridge, MA: Harvard University Press, 2000: 13.

本书在第三章探讨了外在主义非自明的确证,这种确证方式背离传统诉诸心灵状态辩护的内在主义理路,其中可靠主义弱化了"确证"在知识条件中的绝对身份,认为只要信念形成的过程得到辩护,"真信念"就是知识。然而,三元定义正是为避免这种理由预设辩护的情况而强调"知识是得到<u>辩护</u>的真信念",主体必须能够为信念提供某种证据或理由,但是这种极端的唯意志主义昭示了传统经验知识的必然缺陷,从而信念的确证具有很强的局限性,这就为可靠主义提供了发展空间。"一个解释——仅仅是偶然为真的信念通常不符合知识的典范。猜对了哪条路通向雅典的人,或者通过抛硬币来获得他的信念的人,不应该说知道哪条路是正确的,即使在他碰巧正确的情况下。通过观察为一个主张提供证据来明确,为其提供理由,证明其有理由,为可靠主义的产生留下空间,不仅仅只有一种方式来为其提供理由辩护某个信念,当且仅当'真'并非仅仅是偶然为真。因此,足以证明这种信念是一种可以在当时环境下被预期或预测为真的信念。信念者有充分的理由相信,这是这种期望或预测的基础。"[1]布兰顿通过下面两个例证进一步表达了对外在主义知识确证相关内容的看法。

A. 陶器专家实验例证:

假设美国有两位陶器专家,经过多年的研究,他们只凭借肉眼观察就能够"可靠地"区分出哪些是特尔托克人(Toltec)的陶器,以及哪些是阿兹特克人(Aztec)的陶器。普通人从外观上很

---

[1] Robert Brandom. Articulating Reasons: An Introduction to Inferentialism [M]. Cambridge, MA: Harvard University Press, 2000: 98.

难看出这两种陶器有什么不同，而这两位专家进行一定的观察之后，即使说不出可以为其信念辩护的理由，也能准确地鉴别出特尔托克人与阿兹特克人的陶器。然而，专家本人却没有那么"自信"，在尚未使用某种专业的验证机器或化学检验的情况下都认为无法确定自己的判断，而他的同事却发现，多年工作经验使他能做出可信赖的鉴别结果，也就是说通过知觉（观察）这样非推理的认识形成了鉴定陶器的"证据"。那么，这种情况下产生的信念是知识吗？

显然，将其称为知识并不符合内在论标准的认定。然而，对外在论者来说，信念与形成过程是"可靠"的因果联系，观点却恰恰相反。可靠主义并不要求主体内在地意识到（知道）关于该信念的理由。布兰顿赞成可靠主义的认定：陶器专家能够在尚未提供理由的情况下做出辩护。"在某些情况下，真信念虽然不满足传统的知识论关于辩护的要求（这指的是认知者无法产生适合的辩护），信念由信念者在某种特定的环境下产生，信念持有者在这种特定的环境下得到过训练，使他有能力产生可靠的信念。"[①]当专家看到陶器碎片，虽然无法"说出"理由，可理由本身却潜在地发挥作用从而形成可靠信念。但是，把外在环境与信念持有者之间的因果关系、概率理由还原为信念形成的可靠性，这是布兰顿所批判的部分。他将这种情况进一步解释为"第三人称"拥有理由，就像例子中陶器专家的同事就拥有理由辩护该信念。知识所

---

① Robert Brandom. Articulating Reasons: An Introduction to Inferentialism [M]. Cambridge, MA: Harvard University Press, 2000: 97.

追求的"真"信念无法脱离社会实践,知识是整体性的社会实践,是人与人之间信念的归属活动。因此,可靠主义与内在论并不冲突。"在可靠主义知识论中,作为刻画知识因素之一的理性作为潜在的可靠性而发挥作用。"①

B. 超体盲视实验:

在一位普通的盲人面前放置一个红色的正方形,然后询问他物体的颜色。由于眼前漆黑一片,于是他靠猜测回答:"红色"。此时即使回答正确,我们也不能认为他"知道"自己面前有一个红色的物体,原因是他并没有理由为自己的真信念辩护。假设有一位"超体盲人",他每一次都能说对物体的颜色,但他自己并不知道为什么能形成这样的信念,无法提供辩护的理由,或许只是运气好,每次都能"蒙"对。那么,在这种情况下,我们可以说他"知道"面前物体的颜色吗?或者我们能说他形成关于物体颜色的信念是知识吗?

传统外在论者的知识认定只关注信念形成过程可靠与否,信念的持有者是否具有辩护理由并不是可靠主义知识理论的必要条件。因此,"超体盲人"所持有的真信念就是知识,即便旁观者并不知道这些信念是如何形成的,但是根据以往的经验,"超体盲人"的信念在概率上有很大的程度为真,就说明他能够"可靠的"形成相关的信念。"如果这种情况是正确的,那么知识的归属就可以由信念者的可靠性来刻画,即使信念持有者不能为信念提供理由。

---

① Robert Brandom. Articulating Reasons: An Introduction to Inferentialism [M]. Cambridge, MA: Harvard University Press, 2000: 99.

如果他们能如此得到理解，那么就与传统知识内在论相悖，能提供理由推理的证明其（真）信念限制了知识的归因。"①那么，究竟在怎样的情况下所形成的信念才是可靠的呢？现在我们再次回到陶器专家的例子中看待这一问题。如果一个中国"青花瓷"专家认定特尔托克人或阿兹特克人的陶器碎片，显然无法完全被人信服，即使正确也会受到不同程度的质疑。同样，一个正在实习的陶器鉴定学员第一次做出相关判断也会产生同样的效果，或是如盖梯尔例证所阐释的那般仅仅是偶然恰巧得到了某个真的结果。但是，陶器专家拥有长期的鉴别经历，这种外在的"可靠性"能力在工作经验中不断提高，归纳结果的正确概率从 0 到 1 逐渐增长。这就像我们常说"一场春雨一场暖"和"瑞雪兆丰年"，从知识视角看来其区别在于信念可靠的"概率"有所不同，前者具有相当程度的可靠性，后者只是一句吉祥话，如此看来信念知识依赖于外在的归纳。这似乎意味着我们可以用"可靠形成的信念"代替"好的理由"作为信念的依据。对此，布兰顿持否定态度，他坚持知识需要理由："可以承认的概念内容并以信念的形式被说明，必须是其可以为推理的前提或结果。"②

布兰顿将知识视为社会实践的相关活动，上述例子中陶器专家仅仅做出"可靠区别响应的部署"，其对于知识信念并不负有认知责任，以此方式形成的"真"信念只是"局部"的。因为倘若

---

① Robert Brandom. Articulating Reasons: An Introduction to Inferentialism [M]. Cambridge, MA: Harvard University Press, 2000: 99.
② Robert Brandom. Articulating Reasons: An Introduction to Inferentialism [M]. Cambridge, MA: Harvard University Press, 2000: 08.

所有的言说者都不负认知责任,那么世界就如同一个庞大的疯人院,知识便无从谈及。我们作为理性的存在,对语言的理解与表达屈从于理由的独特力量,如果认知主体不能给出理由辩护信念,则意味着他自身并不拥有该信念的知识。"也就是说,我们可以理解一个群体,他们的成员只有在认为自己有正当理由的时候才会形成信念。显然,他们所有的信念都能满足这种条件。对于非推理获得的信念,主体必须坚持,只有在相信自己是可靠的情况下,才会以非推理的方式形成信念"[1]。可靠主义的弊病在于对"信念"一词的理解,如果不知道断言与理由之间的关系,主体自身就无法将其置于逻辑理由空间,但这并不妨碍该信念本身最终能否被认定为知识。

可见,布兰顿认为存在"局部"尚未提供辩护理由的知识信念,但是他反对整体可靠主义信念。"基于可靠主义的知识,主体没有理由有可能是一个局部现象,但不会是一个全面的现象。"[2]知识是"整体的"社会实践,依赖于主体间的信念归属。"推理"是关于寻求理由与给出理由的信念归属活动,显然整体的可靠主义无法满足他对知识的这一诉求。推理作为内在论的认知形式,而知觉信念是非推理的,知识主体自身归属信念从而通过推理得出某种知识。因此,在完全的私人环境下并不存在"真"的问题,整体的可靠主义会丧失确定基础,信念之间既没有辩护也无法归

---

[1] Robert Brandom. Articulating Reasons: An Introduction to Inferentialism [M]. Cambridge, MA: Harvard University Press, 2000: 107.
[2] Robert Brandom. Articulating Reasons: An Introduction to Inferentialism [M]. Cambridge, MA: Harvard University Press, 2000: 106.

属，因而无法将真的信念与知识区别开来。这种"无需理由的辩护"仅在个体中存在，作为知识的信念得到了共同体中他人的辩护。局部可靠主义中，它的归属者不能是主体自身，而是共同体中的其他语言实践活动的参与者。就好比上述例子中，知识需要陶器专家的同事以"第三人称"视角通过言说赋予陶器专家本人相关信念是"可靠"的信息。

因此，知识信念的形成需要概念的使用，如果不涉及使用概念的推理活动，陶器专家的鉴定就不能称为知识，它会像"铁在潮湿的环境中生锈"一般仅仅是对于世界可靠的显示而已，超体盲视者也是如此。"概念的使用"是布兰顿区别理性主体的根本准则："我认为，在这种广义推理关系的网中，没有任何节点的响应可以被识别为非概念的应用。"[①]知识依赖于"寻求与给出理由的游戏"的概念推理活动，可靠过程所形成的信念只有同其他信念具有某种推理关联才能称为知识。布兰顿认可"局部的可靠主义"即"可靠主义的基本洞见"，同时否定"整体的可靠论"并将其概括为"可靠主义的概念盲点"。

（二）戈德曼洞见与自然主义盲点

外在论的可靠主义为知识论的自然主义路径提供了某种可能，"可靠性"自然成为解释这种关系不错的选择。随着认知科学与科学哲学的不断发展，以自然科学的理路解释信念与知识是自

---

① Robert Brandom. Articulating Reasons: An Introduction to Inferentialism [M]. Cambridge, MA: Harvard University Press, 2000: 109.

然主义路径所主张的,即将信念、知识视为物理活动的联系解释。可靠主义的知识论从保证知识客观性的目的出发,不再从单一的内在主义视角探究知识的确证。"可靠性主义的洞见促使我们描述产生了第二个结论,它提供了一个纯粹的自然主义解释,至少将知识与其他真信念区分开来。"[1]当代哲学中,蒯因试图以自然主义的方式探求知识并得到了一定的认可。信念形成过程是"可靠的"保证了知识的客观性,似乎只能以自然科学描述性语汇来刻画。"可靠性至少提供了一种自然认识论想法的原材料,这一观点让我们将知识的状态刻画为自然过程的产物,从广义的物理意义上来说是完全可以理解的。"[2]对此,布兰顿支持戈德曼所阐释的相关主张,即"戈德曼洞见";同时以仓谷外观的论证暴露出这种路径所存在的缺陷,即"自然主义盲点"。

在超体盲视的例证中,主体同物体之间没有因果关联,然而陶器专家的信念则不然,他通过观察产生鉴别碎片相关信念同陶器碎片具有实际的因果关联。戈德曼反对知识可靠性的因果关联,他反对认为只要认定信念过程的环境可以同信念间产生因果关联就具有可靠性这样的观点。戈德曼假设,一个具有正常认知能力的普通人在没有其他刻意的外在环境干扰的情况下,他看到面前有一个红色的谷仓,由于之前见过类似物,所以他理所当然地认为自己面前有一个红色的谷仓。这里,主体依赖于知觉产生了一

---

[1] Robert Brandom. Articulating Reasons: An Introduction to Inferentialism [M]. Cambridge, MA: Harvard University Press, 2000: 112.
[2] Robert Brandom. Articulating Reasons: An Introduction to Inferentialism [M]. Cambridge, MA: Harvard University Press, 2000: 109.

个真信念,作为认知者有理由为信念提供辩护并且自己能够清楚地意识到,这就意味着他的信念可以称为知识。然而,改变一下认知的环境,结果便大相径庭。假设这一认知者身在谷仓镇,这个镇子的居民热衷于建造形同谷仓的建筑并且做得十分逼真,全镇有一千个"同形"物体,但是只有一个是真正的谷仓,而认知者并不知道这种习俗,他以前见过谷仓,所以看到其中一个就产生了同样的信念。在这种情况下,他同时满足内在主义与可靠主义的知识条件,可是我们依然难以将其定义为知识。这里的理由是主体所面对的是一个谷仓,谷仓与信念的形成是具有可靠性的因果关系,就像一个小孩在小时候看的动画片中见过坦克,当他真正看到类似物体时便会识别并讲出:"这是坦克。"但是,我们在处于谷仓镇的情况下就会怀疑自己面前可能是假的谷仓,这样的认知便没有那么"可靠"。戈德曼试图说明因果关联实际上并不能完全、充分地认定知识。在某个范围内可靠的信念有可能在其他范围并不可靠,可靠与否最终受制于参照系。布兰顿认为:"这种情况的特殊之处在于,在这里使不可靠的情况在其他地方成为可靠的过程,主体信念和因果关系的前提是外在的。戈德曼在这里迈出了一大步。他提出的批评性论证和积极的建议——这个组合我称之为'戈德曼洞见'——是划时代的哲学举措。"[①]他以此为基础进一步表达了自己对这一问题的相关看法:"它是一把双刃剑,我认为尽管这样的例证彻底反对知识的因果理论,但希望在

---

① Robert Brandom. Articulating Reasons: An Introduction to Inferentialism [M]. Cambridge, MA: Harvard University Press, 2000: 115.

考虑可靠性的背景下纳入知识论要求。"①

如果从自然主义知识论反驳可靠主义的因果解释，这样会产生另一问题——可靠主义的自然主义盲点。当参照系发生变化，可靠性便无从谈起，自然主义语汇则无法确定，从而导致"客观性"无迹可寻。因此，信念考察范围的确定是谈及客观性的前提。"我们必须谨慎地抵制这种诱惑而夸大可靠主义基本洞见的重要性。除了起到理由的作用外，可靠性还能够在证明信念是知识中在理由延伸一个从属的位置。但它不能在根据认识实践的理解中取代给出与寻求理由的核心地位。"②

布兰顿基于理性推理的社会实践活动建构知识，为主体间的信念归属确定了信念内容所处的参照系。"这种语言实践是一种规范性的计分实践，即语言共同体中的实践者通过给自己和他人的言语行为归派道义地位，建立起了语言实践者做出的各种言语行为的语用意蕴，由于归派道义地位就是在于承认其涉及的承诺和资格之间的实质推论关系，因此言语行为表达的概念内容也同时在这一过程中被决定或被赋予。"③推理主义的知识理论保留了可靠主义的洞见，同时避开了盲点。

---

① Robert Brandom. Articulating Reasons: An Introduction to Inferentialism [M]. Cambridge, MA: Harvard University Press, 2000: 113.
② Robert Brandom. Articulating Reasons: An Introduction to Inferentialism [M]. Cambridge, MA: Harvard University Press, 2000:110.
③ 孙小龙. 规范、推论与社会实践——罗伯特·布兰顿语言哲学研究 [D]. 南京：南京大学，2011：127.

四、"推理"与"可靠"的内在相关

布兰顿沿袭塞拉斯的论旨,在对理性能力的考察中展示了关于概念、心灵与知识的全新构想:语言是以推理的方式"清晰"说出的。"智识"主体推论性的实践活动突出了理性对认识的能动作用,基于概念的使用以语义建构知识解决确证的相关问题,借鉴外在主义诉诸信念形成的过程确证通过对可靠主义"洞见"与"盲点"的剖析,以精致的心智建构彰显出知识确证特有的理论优势:"推理"与"可靠"的内在相关。

在推理主义理论体系中,"信念理由"与形成信念过程的可靠性并非针锋相对,推理活动即信念的"归属"能够有效修正传统内在主义信念辩护的弊病。"为了避免概念上的盲点,主体必须认识到在区分表征信念和知识的候选人之间的特殊的推理衔接的重要性。为了避免自然主义盲点,主体必须意识到,对可靠性的关注是与一种独特的人际推理结构的相关联系。"[1]观察报道将知觉经验纳入逻辑理由空间,推论性的实践本质上是一种涉及推理的前提与结论的理性活动,是建立在概念内容之上的推理,不仅包含心灵中的想法、理性的判断,同时还蕴含着行为上的执行。断言作为推论的素材,是包含命题内容的言语行为,布兰顿认为其表达的概念内容就是在推理中所产生的规范作用,语言实践优先于意向状态。主体做出一个断言的同时承担了运用概念的承诺以

---

[1] Robert Brandom. Articulating Reasons: An Introduction to Inferentialism [M]. Cambridge, MA: Harvard University Press, 2000: 122.

及对断言内容的承诺,只有理解断言所涉及的承诺和资格才能理解包含断言的意向状态。同样,断言对于意向行动的说明同样具有优先性。当我们说出一个具有命题态度的句子,就是做出一种关涉对象的断言。概念包含实际的事物,语言主体对概念的使用最终受到世界的约束,经验与实践使我们所运用的概念是关于世界的概念,语言实践依赖知觉与行动所涉及的事实和对象。这里,观察报告是理性主体对自身知觉的表达及判断,作为一种特殊的断言并不属于推理的结果,因而无法以规范语汇予以说明。在一般的断言行为中,我们授权自身以及听众该断言的后果以及自身所表达的承诺,同时承担了一种责任,即能够确证该断言,这种权威依赖于做出承诺的资格,这一资格的认定是语义内容的关键。一种方式是为承诺提供理由,作为该承诺推理的前提或结论。另一种方式是把证明资格的责任推卸给其他做出该承诺的人。观察报告既不是断言的结果,也不是对该断言的再断言,它源于"可靠区别的响应",纳入经验知识保证了断言的可靠性。布兰顿借鉴可靠主义确证即断言者具有观察报告的资格,以"可靠性"这样的非规范概念来说明"资格"这样的规范概念,可靠性预设了断言以及概念的正确运用。"主体拥有某种'知识'的时候,他正在做出三种行动:归因承诺,即具有作为涉及其他承诺推理的前提和结论的能力;归因承诺的资格;自己承担同样的承诺。这样做是在给予和提出理由的游戏中采取复杂的、社会性表达的立场或位置。"[1]

---

[1] Robert Brandom. Articulating Reasons: An Introduction to Inferentialism [M]. Cambridge, MA: Harvard University Press, 2000: 119.

布兰顿以概念使用的"承诺"替代了"意向状态","相信"除了知觉以外还包括使用概念的另一种方式——实践承诺。实践承诺与行动是一种非推论关系,实践承诺使断言为"真",当某人接受为真(making-true),同时意味着允许他人接受为真。实践承诺从一个信念推出一个意图,实践推理在道义计分中就是从一个信念承诺推出实践承诺作为承诺的理由。布兰顿将观察报告作为使用概念的"入口",它与行动的"出口"都是"给出与寻求理由"的一部分。事实的为"真"的断言内容从外部约束语言,世界就是事实的总和,推论关系是在实践中建立的,因而同世界相关联起来。理性主体面对各种不同的刺激形成命题的知觉判断,能够在使用概念时根据环境的差异做出相应的调整。实质推理包含隐含的条件句可以视为形式推理的简省模式,即使主体没有逻辑语汇用以明晰依然能够做出相关的"认定",而逻辑能力以断言的形式"使之清晰",本质上是对推理概念内容的认定。布兰顿反复强调这种推理区别于传统分析哲学中所认定的逻辑关系,"好的推理"不仅形式有效,而且推理的实质恰当。这里,"好"在外在论的认识意义上就意味着具备一定程度的可靠性,一个"可靠的"推理就是一个"好"的推理。"关键在于不要把可靠主义理论视为同传统知识论理由要求相对立的理论,而应当将可靠性理解为关于'好的''坏的'不同形式的推理。"[①]其中,推理主义有三种不同的主张:弱推理主义,推理关系对于概念内容是必要而不充分

---

① Robert Brandom. Articulating Reasons: An Introduction to Inferentialism [M]. Cambridge, MA: Harvard University Press, 2000:117.

的；强推理主义，概念内容是由推理关系所决定即充分的；超推理主义，推理决定概念内容相对狭义的理解。后两种都支持推理决定概念内容，即属于推理主义的范畴，超推理主义认为只有具备命题内容的断言及信念才决定概念内容以及表达式意义推理的前提与结论。布兰顿的推理主义支持"强"的推理，即推理的前提与结论既可以是断言、信念，也可以是非语言的行动。在我们说出诸如颜色、气味这样的经验概念的时候，呈现于观察报告的是"非推理的"、只是由某种刺激所引起的知觉回应。推理主义涵盖了这样的情境：当主体说出"这是红色"，从知觉呈现到做出推论"它是有颜色的"，断言的恰当运用不仅包含具有推理关系的另一断言，而且可以是非推论的"可靠区别响应的部署"。另一种意义上，对于运用概念的后果也可以是非推论的，不仅是断言推理得出的其他断言，同时也可以是行动—实践。实质推理作为"强"的推理，意向状态、概念间的推理以及非概念的现象都涉及断言具有命题内容，知觉与行动都能够作为语义内容充当推理的角色。外在主义单纯诉诸认识过程的可靠性，对知识而言是有欠缺的，因为一些可靠的反应所引起的不是信念或概念的应用，而按照知识的传统三元定义，不是信念就意味着无法称其为知识[1]。对此，布兰顿进一步诉诸"社会实践态度"作为补充，以"道义计分"的方式理解观察报告，它所处的推理联系包含语用意蕴，计分者对可靠性以及推论的认可是一种实践中隐含的认可而非明晰的断言

---

[1] Robert Brandom. Making it Explicit: Reasoning, Representing, and Discursive Commitment[M]. Cambridge, MA: Harvard University Press, 1994: 213-215.

四、"推理"与"可靠"的内在相关 141

以及语言条款的认可。

布兰顿以推理主义探求概念、语言以及知识的实质,理性实用主义的确证基于内在主义与外在主义的双重思考引入社会实践的概念,推理主义语义的知识建构接纳了可靠的非推理的理由。在社会实践中,他以"承诺"取代了传统知识理论中的"信念"这一概念,概念的恰当使用在语言交流中得到理解,语言、态度、行动超出了一般性的知觉意义而区别于传统知识自然的、物理的空间的因果作用,从而得以介入"逻辑理由空间"的规范领域。如果将信念的确证理解为解释信念为"真"的方式,布兰顿则以概念间的推理阐明理性实践何以赋予概念内容,一个"真"的信念意味着它能够在推理中作为其他信念的前提及结论,理性及推理由此消解了传统知识理由"规范性"与"知识客观性"之间的张力。推理主义体系将第三人称视角融入内在论的确证当中,理性主体作为可靠的报道者,相当于认同了一种特殊的推理方式:从归属他人承诺的可靠性到自身承担承诺的推理。主体在自身的推理中使用他人的承诺作为自身信念的前提或结论,语言、知识无法脱离于"寻求与给出理由的游戏",并且他看到"可靠性"不能被排除在理由之外,同时我们对"可靠性"的理解也无法脱离理性的推理以及社会实践活动。当认知主体把"可靠性"作为某种特殊环境下的反应,就意味着接受以此种形式作为理由,即将其置于整体的推理结构之中,推理主义的知识建构得以避免可靠主义的"盲点"并且含纳其"洞见"。

知识确证的理性主义路径提供了一种以"推理"为核心的解

决方案，知识是一种主观的确证，同时保证了我们所获得的是一种关于世界的知识。"布兰顿在形而上学实在论与融贯论之间走出一条中间道路：他认可因果关系不能与证成关系混为一谈，但并不像融贯论那样完全抛弃客观的外部世界观念。他想在推论主义中保留一个客观世界的观念，但却不想像形而上学实在论那样将世界设想为一个与人类实践无关的大写的实在。"[1]推论性实践对知识做出的说明不仅有效避免了"回溯论证"，而且主体间的解释与交流远离怀疑主义的诘难，结合所予论与融贯论的优势并且涵盖了可靠主义外在辩护的伟大洞见。陈亚军认为："布兰顿哲学一方面试图将融贯论和社会实践有机结合在一起，这是罗蒂想做而未能做的事业，因而受到罗蒂的高度赞赏；另一方面试图将融贯论和实在论统一起来，这是超越罗蒂并为罗蒂所反对的，在这一点上，布兰顿和普特南、麦克道威尔的立场更加接近。"[2]

---

[1] 孙小龙. 规范、推论与社会实践——罗伯特·布兰顿语言哲学研究[D]. 南京：南京大学，2011：152.
[2] 陈亚军. 超越经验主义与理性主义——实用主义叙事的当代转换及效应[M]. 南京：江苏人民出版社，2014：231.

第五章 经验主义路径

麦克道尔沿袭实用主义哲学传统，重新召回经验作为知识、信念的来源与基础，支持一种"最低限度的经验论"。"概念化的经验"重新建构了知觉经验和理性之间的关系，在所予论与融贯论的摆荡之中走出一条中间道路，并且以"第二自然的自然主义"为其合理化做出了进一步的说明。寂静主义拒绝哲学虚幻的语义假设，主张语言主体直接性的确证，理性的概念能力使主体有理由行动。自然同心灵与理性相关联，我们作为自然的独特组成，概念已然是真正的理解。

一、经验主义的复归

(一) 实用主义的经验论传统

20世纪,分析哲学传入美国,复兴古典实用主义的哲学思潮逐渐兴起。伴随着逻辑实证主义的衰退,新实用主义在世界范围内再次复苏并步入后分析时代。麦克道尔对知识的相关问题的理解支持一种"最低限度的经验论",其哲学思想展现出实用主义经验论传统的复归。

"经验"是一个历史悠久的哲学概念,一般指感性经验,即人们在通过感觉器官直接接触客观事物的过程中所获得的相关外部的认识或现象。经验依照不同的获取途径可以分为直接经验和间接经验,依照感觉与内省可以区分为外部经验和内部经验。传统哲学的经验主义主要强调与理性认识不同的方式,也就是感性认识的形式或阶段。近代"经验主义"思潮将知觉视为认识活动的出发点,反对天赋观念或先天知识的论点,强调感性认识的作用,认为存在于理智认识中的东西都早已发生于感觉中,并且感性认识的可靠程度优于理性认识。其中,唯物经验论者和唯心经验论者的区别在于感性经验是否来源于客观实在。在现代西方哲学中,持有经验论立场的有许多流派。例如,逻辑原子主义、逻辑实证主义、逻辑经验主义等都在理论中保留了一定程度的经验论立场。古典实用主义通过皮尔士、詹姆斯、杜威的发展,其理论在近代认识论研究中具有不可或缺的地位。

詹姆斯提出"彻底的经验主义",这种理论包含理性主义的影子,同时与传统经验主义相类似。其中,理性主义强调"共相",即将整体放在部分之前;而经验主义的重点则是部分、元素和个体,将整体等同于集合,共相等同于抽象。对此,詹姆斯则以公准、事实的陈述、概括性的总结作为"彻底"的特点,把经验视为处于不断地产生和变化之中,提出经验产生于流动的过程当中。这些过程不论在内容上是分离性的还是关联的,其本身就都是经验,与它们的关联相同的实在,而且这种关系可以继续发展经验的结构。连接性关系中的一种是连续性的过渡,彻底的经验主义必须坚持这种关系。由于詹姆斯非常支持经验的"直接性",因而认为"亲知知识"比"间接知识"更为重要,任何知识都是由能够表现出经验直接性的亲知知识开始的。此外,"纯粹经验"的概念是詹姆斯理论的核心。"纯粹"状态下的经验是构成一切事物的原始材料,而认识的作用就是其中可能发生的一种特殊关系。这种关系本身就是纯粹经验的一部分,它既可以是认知的主体,又可以是客体,也就是说纯粹经验既可以是主观的,又可以是客观的。"只有在后来的经验取代了现实的经验时,这种朴素的直接性才在回顾上被分为两个部分:意识和意识的内容,而内容才得到改正或证实。"[1]他坚决反对物质和意识、客体和主体相互独立的二元论观点:纯粹经验既可以是物质,又可以是意识,既可以是

---

[1] [美]威廉·詹姆士. 彻底的经验主义[C]. 庞景仁, 译. 上海:上海人民出版社, 1965: 39.

对象，又可以是认识者，它们没有本体论上的区别。詹姆斯的纯粹经验表示在区分主体和客体之前具有一种原始的、中立的、模糊的状态。

  杜威关注从绝对唯心主义到实用主义的过程中所形成的"经验"，即从反对原子论倾向和主观主义倾向到接受多元论观点。他将詹姆斯的经验范围发展扩大，把经验视为所有能经验的过程并且存在双重性，进而提出"自然经验主义"。其中，"原始经验"概念与詹姆斯"纯粹经验"相类似，认为经验是在没有分离主体和客体的情况下，通过机体与环境的相互作用表示出来的。此外，杜威还赞同达尔文的进化理论，认为机体可以为了生存而适应环境。因此，杜威认为经验和自然是不可分割的，二者之间具有不能断裂或对立的"连续性"或"贯通作用"，相互依存、密切相关。"一种技能，一种包罗万象的活动，在这种活动中机体与环境都包括在内。只有在反省的分析基础，它才分裂为外在条件……会呼吸的空气、被吃的食物、被踏着的地面……和内部结构……能呼吸的肺、进行消化的胃、走路的两条腿。"[①]自然是被经验到的事物，而经验则是相互作用的事物，经验植入自然并且通过自然来发展变化。同时，他认为意识和物质没有本质上或存在上的区别，而是功用上和关系上的区别。"经验自然主义"的历史使命是将割裂的经验与自然、意识与物质相连接，承认其贯通作用或连续性，将其看作一个包含经验与自然、意识与物质的统一并连贯

---

  ① [美]杜威.哲学的改造[M].许崇清，译.北京：商务印书馆，1933.

的整体。

  莫里斯认为消极的本质以及没有充分发展的科学导致传统经验主义具有三大缺点：倾向于个人主义、主观主义；对待形式科学无法公平；从认识论的角度来看，经验主义理论与自然主义宇宙理论难以达成一致。当代经验主义有三种倾向：实用主义与逻辑实证主义均继承了英国的经验主义传统，表现出的不同特征可以相互补充，莫里斯所倡导的第三种"科学经验主义"，是以上二者相结合的产物。他认为二者的结合具有深厚的理论基础，许多哲学家在这方面做过大量的研究，如实用主义者将经验与方法论的唯理论相结合，以及试图糅合詹姆斯和杜威的经验观点。莫里斯结合数学方法和实验主义，在认识自然的方法中，理性主义和经验主义便由相互敌对转变为实验科学中相互补充的部分。他指出哲学领域这一转变相当缓慢的原因在于经验主义者并没有将精力集中于此，而是致力于反对先验的理性主义，并且向玄想的理性主义提供了便利。"因此，情况是：目前的科学经验主义，正如科学本身一样是把实用主义、传统经验主义与形式主义，这三种相互补充的态度结合在一起了。"[1]逻辑实证主义者在经验主义与形式逻辑相结合以及与数理逻辑密切相关的方面做了大量研究，实用主义者如杜威、米德则在理智方面解释实践的意义做了许多工作。同样，莫里斯也从这方面着手，提出了自己的三个观点：产生科学语句的活动类似于系统化活动，是一种使用规则或原理

---

[1] [美]C. W. 莫里斯. 逻辑实证主义、实用主义和科学的经验主义[M]. 上海：上海人民出版社，1966：120.

的实践;从证实命题必须涉及某种工具的角度而言,所有经验科学均包含活动或实践的实验方法;科学属于社会实践,是一种社会中的制度,间接服务于社会,同时受社会的影响。总而言之,莫里斯赞同并发展了米德的"社会经验",坚持了经验的两个特性——社会性和公共性。

经验主义在18—20世纪中具有五个重要的转折点:从观念到词语,从语词转向语句的语义焦点,从语句转向语言系统的语义焦点,从拒绝分析与综合的二元论到方法论的一元论,最后到自然主义。在这些转折点中,可以说后三点基本均由蒯因最先实现。在他看来,自然主义把认识论同化为经验心理学,因此建构自然主义知识论,其观点可以概括为自然主义的经验主义。蒯因从"刺激—反应"来考察经验的概念,并将其与观察词汇以及观察语句相关联。他将观察语句叙述为边界周围所陈述的,并从观察语句开始认为观察句是一种场合句。由此推断,理论与感觉刺激的关系被形容为理论表述和观察句之间的关系。同时,他强调观察词汇的作用,将观察词汇描述为接受同样刺激的使用语言的全体成员所同意使用的词汇,由于人们通过观察外部世界可以获得知识,观察词汇、观察语句才能够具有其重要地位。这种观点从整体论的角度出发,将经验形容为整个科学"场"的边界条件,这两者的冲突可以引发场内各部分的调整,这个场并不是由边界所完全决定,这样人们就有了根据单一的相反经验重新评价命题的选择自由。蒯因表示,从哲学和科学的角度去阐释和分析经验是十分有价值的,他将经验同意义、思想、信念一样作为一种哲学的阐释以及分析的工具。

"经验"这一概念作为实用主义重要的理论意旨之一,近代实用主义哲学家修正和补充了传统经验主义理论并做出了全新的注解。当代实用主义者把认识论范畴的"经验"扩大至本体论范畴,是实用主义经验论传统的继承与发展。正如陈亚军在《古典实用主义的分野及其当代效应》一文中总结:当代新实用主义的核心争论围绕"语言"与"经验"展开。"此种'语言'与'经验'的分野,在古典实用主义那里早已呈现。在'哲学改造'的过程中,古典实用主义内部形成了两种不同的运思路径。一种自瓦解'心灵'入手,一种由重塑'世界'发端。前者强调'符号—语言',显露出分析哲学的端倪,后者看重'经验',展示了现象学—生存论的格调。二者间形成的张力,以全新的形态重现于新实用主义。"[1]

(二)最低限度的经验论

在著作《心灵与世界》中,麦克道尔以一种诊断精神为现代哲学的忧虑提出一种治疗方案,他认为这种忧虑就如同这本著作的名字一般集中于心灵与世界关系的问题上。[2]传统意义上心灵与世界的关系指理性与自然的关系,近代哲学在笛卡尔之后一直保留着以"二元"思维处理这种关系的论证定式:客观世界独立存在,它居于心灵之外对思维产生某种制约作用,同时为知识提供

---

[1] 陈亚军. 古典实用主义的分野及其当代效应[J]. 中国社会科学, 2014(5).
[2] Mcdowell J. Mind and World[M]. Cambridge, MA: Harvard University Press, 1994: xi.

信念的确证。知觉作为心灵与世界的交界面,世界通过感官使我们获得相关经验,经验在认识中有着特殊的位置。对于知识理论而言,矛盾集中于"感觉经验如何为信念辩护"这一问题,本书之前的章节阐释了传统的确证理论及其局限性:知觉经验与信念理由相分立。同时,塞拉斯对所予神话的批判否定了一切非理性因素辩护知识信念的可能,传统经验知识失去了原有的基础而身陷囹圄。

麦克道尔认为:"塞拉斯区分了这样的两类概念,一类是只有按照将其事物置于逻辑理由空间之中的方式才得以理解的概念,比如知识概念,另一类是得以用于'经验描述'的概念。如果我们将塞拉斯的观点理解为避免陷入自然主义谬误的告诫,那么创造一个塞拉斯思想式的短语,我们将'经验描述'理解为将事物置于逻辑自然空间之中(the logical space of nature)。"[①]麦克道尔支持理由空间划分的目的是突出这样的观点:只有经验具有概念性内容才能进入规范领域为信念提供辩护,非概念的内容仅仅提供一种外在限制而无法进入如此的规范领域。"所予神话对于以下观点具有更深刻的动机:如果自发性不受外来的理性限制(戴维森融贯论的立场),我们就无法理解自发性的运用如何得以表征世界。没有直观的思想是空的,这并非通过认为直观具有对思想的因果性影响而得以可能;当且仅当主体承认思想与直观具有理性

[①] Mcdowell J. Mind and World[M]. Cambridge, MA: Harvard University Press, 1994: xiv.

一、经验主义的复归

关联，我们才具有经验内容。"①麦克道尔试图基于上述观点寻找出一种和解的方法，他指出："经验的想法实际就是关于某种自然事物的想法，并且这种经验的想法能够对其做出回应。这里需要另一种方式避免自然主义谬误的威胁。"②那么，世界究竟如何通过经验对认识产生影响？塞拉斯、戴维森与蒯因对这一问题的探究是麦克道尔哲学的重要背景。

戴维森曾对这一问题给出一种折中式的回答，他的融贯论是作为真理符合论而提出的，与所予论及基础主义具有一定的承接关系。传统真理符合论认为，关于经验的观察报道无须修正具有"不可错"的特征，直接的感觉经验反映了事实，因而将其他陈述的真值与感觉经验的逻辑关系相对照就得以确定。戴维森对此持反对意见，他指出通过感觉经验传达，我们将信念判断陈述与其进行对照，这种对照针对整个信念及经验整体。他认为这种方式并不具备可行性，因为感觉经验作为中介所传递的信念不一定准确，有再次陷入怀疑主义漩涡的危险。事实上，感觉经验只能为主体自身以内的信念做出辩护，我们由于外在刺激而拥有关于某物的信念，这两者之间是一种"因果关系"。信念的真值与感觉经验一则无法等同，二则毫无关联。因此，经验并不能作为信念为"真"的理由，融贯论将经验仅仅视为知识的构成，认为它无法为信念做出辩护。因此，戴维森的观点呈现出一种二元论的倾向，

---

① Mcdowell J. Mind and World[M]. Cambridge, MA: Harvard University Press, 1994: 17.
② Mcdowell J. Mind and World[M]. Cambridge, MA: Harvard University Press, 1994: xix.

认为经验并不能负担起知识的裁决,经验与信念之间是一种因果关系而非理性关系,只有信念才能为另一信念辩护。麦克道尔指出:"在戴维森看来,经验性思想的参与并不受到外在的理性限制,而仅仅受到因果性的影响。这引发了一种忧虑:戴维森的图景可否容纳与实在的关系(经验内容),而这恰恰就是那种诉诸所予可能的似乎很必要的忧虑。对于减轻这种忧虑,戴维森没有做任何事情。"①

蒯因在1969年发表《自然化的知识论》一文中指出知识不过是心理学及自然科学的分支,并试图以此替代传统知识论。知识理论作为科学的基础,关系到数学、物理这样的自然学科研究的基本走向,通过相关定义使概念明确,最终寻找到通往真理的路径。按照还原论的理解,传统数学被还原为集合论或逻辑学,物理学被还原为可观察语句的集合,以及试图将概念还原到明晰确定的基础之上。为知识寻找确定性构成了自然科学研究的目的之一,这种方式是笛卡尔的余威并带有基础主义理论的倾向。蒯因指出还原论的失败之处,尽管数学得以还原至集合论,但无法恰当地还原为逻辑,而且知识并非如逻辑那般明晰缜密。卡尔纳普甚至依据还原论把物理学理解为对外部世界感性质料的逻辑建构,似乎我们可以把关于世界的表述,都转换为以观察、逻辑与集合来表达的内容,问题是即便能够以此进行表达也不能说明就能够以此得以证明。蒯因否定了所有将自然科学建立在直接经验

---

① Mcdowell J. Mind and World[M]. Cambridge, MA: Harvard University Press, 1994: 14.

基础上的企图，在他看来一切以直接经验作为认识真理的终极基础的尝试都是失败的，如同逻辑实证主义者一般的做法会彻底抹杀知识的意义，于是提出把知识论的研究视为心理学的研究范畴，追寻"认知的输入与输出"之间的关系即探究知识的"理由"（证据）何以同理论相关联。我们可以把人类当作一种物质，以自然现象的方式来探究，关注于主体如何以感性刺激产生信念这一问题。传统知识理论强调"意识"处于一种优先地位，对外部世界的"觉知"（awareness）通过理性建构成为知识。那么，用感知材料持有者的刺激说明观察，经验心理学的材料被自由地运用，这种自然主义的知识探究似乎能够使知识脱离"意识"的绑架。传统知识论与心理学以及自然科学的关系被蒯因赋予了全新的意义，从包含的关系转为被包含的关系，而且都源于外部刺激的建构。他拒斥传统经验科学的理性规范结构，将逻辑与非逻辑的关系的区分转化为心理问题，理性的规范结构从而转变为一种身心问题的探究，把逻辑领域的规范性同经验人类心理学的描述性做出全新的划分，以物理术语和行为科学的术语将理由空间的内容以感觉刺激取而代之，如此做的目的就是从自然中彻底清除理由空间。然而，这样做的结果却不尽如人意。事实上，蒯因并没有解决知识的确证难题，这种替代理论自身所存在的不足导致了心灵与世界的之间的神秘关系。可见，戴维森、蒯因和麦克道尔的观点存在显著的差别，这种差别凸显于对于"接受性"的不同看法。蒯因依然没有解决"感知经验何以确证知识"，戴维森则以因果关系彻底否决了接受性的理性作用。"塞拉斯与戴维森都认为，在一定意义上我们必须与经验论断绝一切关系,部分原因在于同塞拉斯所谓的'经验描述'处于逻辑空间发挥作用。(我已经站在塞拉斯的立场上将之与逻辑自然空间相类比),逻辑理由空间是独特的。"①

麦克道尔试图说明接受性本身已然包含理性的参与,理由空间是自成一类的领域(sui generis),因而不能被强制取消与还原。为了实现这一目标,他重新界定了感觉印象这一概念,做出一种知觉意义上的知识思考,认为知觉经验对确证起着至关重要的作用。当主体做出关于世界的某个断言,心灵能够借助于知觉表达经验世界的如此这般,经验为信念提供辩护就意味着必须置于理由逻辑空间,当且仅当感觉经验同信念内容在逻辑上相洽时,经验才能作为理由参与相关命题的推理为信念辩护。"最小经验论属于认识论上的直接实在论,因此不会有知觉之幕之类的问题。在新画面中,知觉信念是关于世界的,知性的认知能力是直达世界的,并未受到任何阻挡。"②在拒斥"所予神话"的前提下,印象得以介入逻辑理由空间置于确证的序列之中,即知觉是思想与感觉的相结合。"我们仍然承认,经验的思想就是关于某物自然事物的思想,但并不因此就将经验的思想从逻辑理由空间排除"③。同时,自然领域不能与法则领域完全等同,而是人类理性所特有的

---

① Mcdowell J. Mind and World[M]. Cambridge, MA: Harvard University Press, 1994: xvii.
② 王华平. 心灵与世界——一种知觉哲学的考察[M]. 北京:中国社会科学出版社,2009: 330.
③ Mcdowell J. Mind and World[M]. Cambridge, MA: Harvard University Press, 1994: xix.

概念能力，它是自然的组成部分。

麦克道尔支持的经验论是一种"最低限度的经验论"[①]。这种思考回答了"心灵如何达到对世界的把握"这一问题，为心灵与世界的关系提供合理性的说明，认为经验必定构成一个法庭，它能够对我们关于事物如此这般的想法做出裁决。

二、经验知识何以可能

（一）走出所予论与融贯论的两难

麦克道尔在对康德哲学的解析中提出"概念化经验"，其知识理论不仅蕴含了传统知识内在论中所予论与融贯论的确证运思，而且成功走出了二者之间的摇摆。面对埃文斯等非经验论者的质疑，麦克道尔在捍卫概念论的辩护中再次强调了其关于经验知识建构的核心思想：经验过程中已然包含了概念的参与。

近代经验论与唯理论的争辩在康德的调和下推动认识做出了"哥白尼革命"式的跨越，这种影响从近代一直弥漫至今。麦克道尔对现代哲学忧虑的诊疗基于传统内在论视角对所予论与融贯论的偏颇做出了修正，为经验知识的确证寻求到一种全新的理解方向。麦克道尔通过阐明他对康德哲学的相关看法来引渡自己哲学体系的相关主张。康德哲学对当代知识论的发展起着至关重要的导向作用，直观与概念作为建构知识的两个重要元素，我们关于

[①] Mcdowell J. Mind and World[M]. Cambridge, MA: Harvard University Press, 1994: xii.

印象的感受性基于主体接受表象的能力,概念的自发性是一种通过表象认识对象的能力,二者之间存在特殊的关系:"思想无内容则空,直观无概念则盲。"只有感性直观与知性概念相结合才能产生知识,思想与内容、直观与概念缺一不可且处于同等的认识地位。直观作为单纯的呈现是一种非概念的内容,也就是经验中被动给予主体的东西,即"先天的杂多",它类似于所予论中的感觉材料。之后"统觉的综合统一"将杂多综合达到认识,这种认识就是表象,它同知性范畴的概念有着本质的不同。同时,感知由自在之物的刺激而产生"先天感性杂多",由于自在之物不可知,我们所认识的只能停留在现象世界。知识基于理性的天赋能力,进入现象世界之后意味着这些刺激同认知形式结合,主体由直观形式与知性范畴整理感性杂多,与此同时获得具备客观性与普遍性的知识。

麦克道尔认为,康德的哲学先验性特征限制了认识理论的发展,以自在之物的刺激来解释感知源于心灵之外。"经验知识在现象世界内自身相融贯",将表象与信念仍置于一种二元分立的状态,这种理解失去了同外在实在的关联,这就为所予论与融贯论的产生提供了可能。"康德式的思想是,经验知识导源于感受性与自发性的合作"[①],康德以独立于主体的自在之物解释现象世界的认知关系,最终接受了先验框架,从而导致现象世界独立于主体的同时又依赖于主体自身。"我们不能把康德所谓的"直观"——

---

① Mcdowell J. Mind and World[M]. Cambridge, MA: Harvard University Press, 1994: 9.

经验的输入仅仅理解为概念之外获得的所予,而应该将其理解为已经具有概念内容的状态或事件。"①尽管知觉经验同判断内容都被概念构造,但是它同包含在判断中的东西有着一定的区别,是无意识的实现而不同于某种能力的运用,这种特性体现出被动性的特征。在康德哲学的基础上,麦克道尔对经验做出全新的理解,将知觉视为相关概念能力的实现。康德哲学的知觉经验是一种接受性的活动,由环境通过感知器官施加于主体。麦克道尔则认为这种接受性的活动不能单纯地被定义为被动的活动,它已然渗透着知性能力的运用,经验本身是感受性与自发性共同作用而形成的。在他看来,认识活动中自发性与感受性不可分割的联系在一起,经验就是发挥作用的感受性,主体在经验过程中的接受性,使经验受到世界的限制。知觉经验包含自发性的特征,知性能力的参与意味着经验具有了概念性内容,使其得以合理地介入逻辑理由空间当中充当某种推论的角色。麦克道尔试图使经验开放于世界,由此消解传统哲学中心灵与世界之间所产生的那种张力,概念化经验得以在认识中作为信念辩护的理由。

知识应当是关于世界的某种认识,对于经验"如何"以及"能否"起到确证作用这一问题,传统知识理论的方式之一即提供知识确证基础的所予论形态,另一种是诉诸信念逻辑关系相一致的融贯论形态。尽管传统经验论难以自圆其说,但这并不意味着所予论没有为知识做出任何贡献,感觉材料作为确定的基础能够有

---

① Mcdowell J. Mind and World[M]. Cambridge, MA: Harvard University Press, 1994: 9.

效避免"回溯论证",并且保证了如此获得的知识是同世界相关的。麦克道尔声称:"所予神话的为难之处就在于需要辩护的地方仅仅提供了托辞(exculpations)。"①一致主义理论的问题是:我们难以保证自己所得到的是一种关于世界的知识。尽管融贯论摆脱了概念系统非理性因素的影响,却受到"丧失世界"的威胁。因此,知识需要受到思想与判断以外内容的制约,否则思想同客观意旨之间就会失去"摩擦",如此引发的另一结果便是我们无法说明思想如何具有经验内容。所予论与融贯论的失败根源在于它们都承认直观与概念、感受性与自发性、经验与信念的"二分",正是这种本体论上的二元思维禁锢了知识内在论的扩展。"自发性必须受到思想之外的限制,否则自发性的作用会如同陷入虚空中的旋转。"②一方面,知识需要同世界相关联,世界对认识起到制约作用;另一方面,这种制约不仅仅是一种因果关系,还必须为信念提供辩护。只有感觉经验能够提供这种合理性的限制,我们才能确保所获得的是关于世界的知识。如果将经验与信念之间的关系视为一种因果关系,就会丧失逻辑关联而无法为信念做出辩护。

"我们即将陷入一种无可奈何的摇摆当中:在一种阶段,我们被拖进一个融贯体系之中无法理解思想同客观实在的关系,然而在另一个阶段,我们退回重新诉诸所予,最终这一切被证明毫无

---

① Mcdowell J. Mind and World[M]. Cambridge, MA: Harvard University Press, 1994: 8.
② Mcdowell J. Mind and World[M]. Cambridge, MA: Harvard University Press, 1994: 11.

用处。"[1]经验与信念之间裂开了一道无法逾越的鸿沟,这种割裂充分体现出现代哲学的忧虑情结。麦克道尔看到,消解这种忧虑必须打破传统二元论的认识局限。我们要确保所获得的是一种关于世界的知识,思想只有通过经验才能与实在发生关联,同时这种关系不能是一种因果性的关系,而是一种为知识做出合理性限制的辩护关系。因此,麦克道尔重审心灵与世界的关系,采取了一条解决确证以及知识相关问题的折中方式:"为了避免这种摆荡,关于状态或事件的经验观念,尽管它是被动的但却反映了自发性的性质并发挥了概念性能力作用。"[2]于是,麦克道尔回到知觉经验,以现象学研究的方式重审概念本性,提出一种全新的解释——经验化概念。

(二)经验化概念

麦克道尔受到康德启发,试图在所予论与融贯论之间走出一条中间道路。我们的知识拥有两种最基本的来源:接受表象能力的感受性与对认识表象的自发性。前者为知识提供内容,后者为其提供形式,二者之间的相互作用构成知识,即直观与概念相结合。其中,理性能力体现于自发性是一种知性的认识,而感受性在认识过程中则是一种被动的接受。为了使感官经验能够对知识产生辩护作用,麦克道尔并没有采纳这种主体与对象相分离的认

---

[1] Mcdowell J. Mind and World[M]. Cambridge, MA: Harvard University Press, 1994: 23.
[2] Mcdowell J. Mind and World[M]. Cambridge, MA: Harvard University Press, 1994: 23.

知状态，而是在此基础上提出了自己关于客观知识的核心看法："自发性不可分割地包含在感受性带给我们的东西之中。"[①]

麦克道尔将所有正常的成年人视为逻辑理由空间的居住者（inhabit）。判断是我们要为之负责的事项，理由空间就是自由的领域，理性与自由相容。"判断是对一些事物的本能回应"；"根本是一种理性的回应"[②]。作为具有知觉能力的理性主体，我们对于世界的认识并非自发性作用于感受性之上，而是渗透于感受性之中。主体的经验能力涉及概念，只有概念性能力于感受性中的能动作用才能在心灵呈现出某种事物的判断以及进一步做出相关的断言。概念通过对感知内容的判断纳入主体自身对世界的理解之中，因而我们对于经验的获得涵盖了理性的参与。同时，尽管我们做出某种判断是自发性的主动运用，但其依然没有摆脱经验的被动特征。"概念能力，使我们成为语言的掌控者，它必须'具身的'熟悉概念之间的连接。这些连接包括声音同理性的相连接，并且连接命令是关于世界的实质知识。"[③]概念的使用介于直观，因而经验内容就是判断内容，或者说在理性意义上经验内容包含于概念，概念具有经验的性质。语言主体对于概念所做出的合理的判断内容就是具有概念内容心灵的状态。"在最开始的时候就已进入语言，人类能够被推进到那些'具身'理性关联的概念，在有感

---

① Mcdowell J. Mind and World[M]. Cambridge, MA: Harvard University Press, 1994: 40.
② Mcdowell J. Having the World in View[M]. Cambridge, MA: Harvard University Press, 2009: 6.
③ Mcdowell J. Having the World in View[M]. Cambridge, MA: Harvard University Press, 2009: 92.

知之前就已置于理由空间……语言最先具身的进入思想,以及适应世界的可能性……自然语言即语言的一种,最先就作为一个传统的存储库,一种关于理性内容智慧的历史积累。"[1]

为了说明理性在经验过程中发挥着能动作用,麦克道尔将"概念的部署"扩展为更普遍的认识。传统知识理论中,一致主义诉诸信念间的相融贯对基础主义所予论的批评有一定的道理,然而这种批评超出了应有的分寸,其一味地突出信念的辩护而将非概念的经验所予彻底排斥在认识序列之外,如此极端的做法局限了知识的确证路径。戴维森的融贯论反映出这样一种障碍:它使我们不能看到概念性能力的作用可以是被动的。麦克道尔重新审视经验概念,指出概念性能力从一开始就在感受性中发挥作用,只有概念性能力于感受性中的如此的被动作用使事物得以呈现,主体做出相关的判断从而拥有相关的知识信念。经验内容在获得的过程中已经有了概念性能力的参与,而且并非自发性作用于感受性之上,而是渗透于感受性之中。换而言之,没有概念就无法获得知觉经验。麦克道尔反复强调经验内容已然包含了概念性能力的参与,经验的概念化解释使经验在知识论意义上得以可能。经验由此变成了常识世界的代名词,他试图通过这种转换化解知识辩护所出现的困境。因此,概念化的经验自身就是认识逻辑的前提,这样就可以保证知识的来源与确证的合理性。

麦克道尔进一步关注了"知道"与"知道者"的区别。"事物

---

[1] Mcdowell J. Having the World in View[M]. Cambridge, MA: Harvard University Press, 2009: 125-126.

如此这般作为经验的内容，其同时也是判断的内容：当主体对经验做出信以为真的认定，就转化为判断内容。因而是概念性的。"①然而，感官知觉很可能出错，我们如何知道自己所得到的就是真正的世界呢？麦克道尔认为："主体可以将概念性能力参与其中的经验理解为对于世界的瞥见（glimpses），至少是对于世界表象的瞥见。"②当发生错误时，并非传统认识论中表象误导主体做出错误的判断，而是由于我们在使用概念时发生了错误。比如，"一朝被蛇咬，十年怕井绳"。我们可以将表象视为表征蛇，也可以视为绳索。麦克道尔提出"析取性"（disjunction）地看待表征。简单来说，它既包含正确的引导的可能性，也包含错误的引导的可能性，当在特殊的环境下导致知觉判断发生错误，主体错误使用概念。经验不仅是判断的内容，经验内容也是世界的状态，心灵同世界之间没有任何非概念内容作为中介，我们直接同实在相接触。"关于感受性具有概念性的建构这一观点，使我们能够将经验视为对于实在布局的开放（openness）。经验对实在的布局本身就能够对主体思想内容施加理性的影响。"③经验被概念的构造，无需任何表征性内容，它同我们的真实思想是相一致的。当主体在经验中接触世界，经验内容即思想内容就是实在本身。麦克道尔强调，主体具备使用概念的能力，在这一前提下支持直接实在论的立场。

---

① Mcdowell J. Mind and World[M]. Cambridge, MA: Harvard University Press, 1994: 26.
② Mcdowell J. Mind and World[M]. Cambridge, MA: Harvard University Press, 1994: 32.
③ Mcdowell J. Mind and World[M]. Cambridge, MA: Harvard University Press, 1994: 26.

其中，概念是否正确使用关乎经验内容是世界真实状态这一主旨。

怀疑主义声称"知觉"只是主体与世界的中介物，在很多情况下我们无法把假象得来的经验同真实的经验区分开，认识是推论的结果。对此，麦克道尔做出一种预设：具有正常认识能力的主体，在正常认知条件下的经验都是正确的。"经验是被动的，作为一种感受性所发挥的作用，这保证了我们所得到一切合理地受到了外在的限制。这种限制来自思想之外，但是并非来自可思想的内容之外。"[1]欺骗性经验产生的根源在于概念的错误，世界一定是可想的、可思的世界，世界的开放同概念紧密地联系在一起。麦克道尔所谓的"世界"大于通常意义上的可感世界，认识通过经验得以实现其范围大于经验领域。世界在经验中对我们呈现的是可思的、可经验的，但这并不意味着世界与经验完全重合。这种方式有效消解了心灵与世界间本体论的鸿沟，向我们呈现出一个真实经验化的世界。世界通过概念性能力渗透将自身真实呈现于主体，世界的真实性就是经验的真实性。麦克道尔摒弃了传统经验同概念之间的二元关系，这里实在世界是可思的即概念化的世界，主体拥有概念系统，概念系统有着外在的边界（outbound）。因此，我们所把握的就是系统之内的经验世界，实在向概念系统开放，概念与经验将实在呈现出来。概念的内在被动性特征使我们的思想受到了外在的限制，从而保证了知识的合理性。

经验化概念以一种折中的方式使感知内容为信念辩护得以可

---

[1] Mcdowell J. Mind and World[M]. Cambridge, MA: Harvard University Press, 1994: 28.

能，当事物如此这般的事实与知觉经验相等同，就是对概念能力运用的认可。心灵与世界之间既没有逻辑上的间距也没有确证时间前后，从而缓解了笛卡尔之后留存于心灵与世界之间的张力。世界的真实性在于"思想内容最终类似于证成的经验内容"[1]。

（三）概念论的辩护

我们通过感官获得关于世界的经验，知觉经验一直以来是认识相关问题争论的核心，经验概念与非概念性质的分歧是诱发争论的根源问题。一方面，知觉经验构成我们关于世界万物的信念即经验知识的内容，在心灵与世界之间起到一种链接作用；另一方面，知觉信念对知识起到辩护作用。

概念论者认为，经验内容为知识提供辩护就一定是概念性的内容，非概念论者则认为自然科学实验以及认识主体自身都有足够的理由去证明经验的非概念特征。对于这两种截然不同的知识态度，麦克道尔的经验是接受性与自发性合作的产物，印象已然具有概念内容。作为一位坚定的概念论者，他的哲学理论受到了非概念论者的批判。其中，埃文斯在著作《指称的多样性》中阐发了"经验内容的非概念性"，在概念之前感知能力已经发挥作用，它是所有具有感观的生物都可以得到的内容，这种作用比概念更为原初并且是概念化的前提，作为获得关于世界信息的主要途径。其中，埃文斯的非概念的信息区别于所予论中的感觉材料，是感

---

[1] Mcdowell J. Mind and World[M]. Cambridge, MA: Harvard University Press, 1994: 29.

知能力于信息系统中产生作用所造成的,这种内容是必然被概念化的前概念内容,"经验处于概念领域之外"进而反对经验的概念性内容。对此,埃文斯举出两个十分具有代表性的例证。其一,经验内容具有超出概念的确定的细节,它比概念更加细致而且更为丰富。其二,我们同一些被认定并不具有概念能力的生物共享感官知觉而且都拥有记忆,比如狗会在睡梦中惊醒,但是我们并不能说狗拥有概念。因此,感知经验的内容是非概念性的。[①]

麦克道尔认为:"埃文斯画面中的经验与概念性能力进行关联的方式,恰恰就是康德关于经验知识的画面中直观与概念进行关联的方式,按照我对康德的理解,他认为这幅经验知识的画面是没有希望的。"[②] 比如,通常人类拥有十分丰富的感知经验,就像我们在日常生活中看到彩虹会以"赤、橙、黄、绿、蓝、靛、紫"等概念进行表达,而感知实际上却已经超出了主体使用概念所描述的范围,彩虹呈现的绚丽色彩,那些非概念的状态无法以语言进行表达。这个例子表明了非概念论者的主要观点:经验内容的丰富性与细致性已然超出了概念。这里,认识主体无法拥有同辨别颜色一样多的概念来描述颜色,概念系统显然比颜色辨别粗糙许多,我们甚至只能举出其中的极少数进行颜色的命名。比如,当消费者在口红广告中发现前所未有的颜色,便会以其他的方式重新进行命名,因而出现"芭比粉""牛血红""999"等色号或者

[①] Mcdowell J. Mind and World[M]. Cambridge, MA: Harvard University Press, 1994: 47-49.
[②] Mcdowell J. Mind and World[M]. Cambridge, MA: Harvard University Press, 1994: 51.

特殊的名称。但是在这种情况下,人类难以完全保留清晰的记忆,在日常生活中当我们用完一支口红,去购买另一支时必须记住色号,即便能够大致知道是什么颜色,也无法完全确定,仅凭记忆难以选出一模一样的商品。因此,感觉经验对于不同色彩的分辨超出了概念记忆对于色彩的分辨。麦克道尔并不否认经验的细致性与丰富性,并且承认对概念的把握的确具有一定的限度,在颜色经验产生作用之前主体往往没有一样多的概念在感觉上做出区分,但是这并不妨碍我们对颜色经验进行描述。非概念论者认为经验内容是非概念的,至少部分是非概念的。对此,"在颜色经验发挥实际的作用之前,我们没有一样多在感觉上加以区分的颜色色调的概念。然而,假如有了色调的概念,概念性能力就得以细节上确定我们所获得的颜色经验"[1]。即便是主体的记忆中没有适当的概念指称感知经验,我们仍然可以用"这个""那个"这类的"指示词"表达出颜色观察上的差别[2]。这种能力是一种识别性能力,指示词可以如同概念一样运用识别性能力发挥作用。麦克道尔指出:主体可能没有固定的以及清晰的颜色概念予以表达经验,但是能够使用指示词准确地将其区分开来。"经验包含概念性能力的作用,以理性与自发性做出整合,于是我们就能弄清楚经验把握着世界,或者说经验对世界开放这种形象的说法所包含的意

---

[1] Mcdowell J. Mind and World[M]. Cambridge, MA: Harvard University Press, 1994: 58.
[2] Mcdowell J. Mind and World[M]. Cambridge, MA: Harvard University Press, 1994: 57.

义。"①

概念论者所面临的第二个问题是如何解释人类与动物共享记忆和知觉的非概念现象。信息状态的非概念，只有在概念的自发性能力利用这些非概念内容并做出知觉状态的相关判断时才是真正的经验，在做出判断之前信息状态同动物共同享有，也就是与动物共有知觉。正是由于动物知觉的非概念性，概念论者难以解释我们究竟共享何种内容。因此，非概念论者认为人类同动物共有感知经验，人类能在此基础上拥有信念，经验的概念化会将拥有感知的动物以及低级的概念性动物排除在这样的范围之外，概念论者无法说明理性主体与动物之间的连续性。自发性能力突出了判断的重要作用。麦克道尔认为动物没有概念性能力，它们无法同人类的心灵一般做出判断并付诸行动，更不能表达思想。这里，能否为行动提供理由是最为重要的标准，动物那里非概念的知觉对理性主体而言就是概念化的。"我们具有动物那种对于环境特征的感知敏感性，但是我们以一种特别的形式具有它。我们对环境感知的敏感性被纳入自发性能力的范畴，这是我们区别于动物的地方。"②他认为知觉对人类和动物而言并无异样，我们同动物的本质差别在于"概念的使用"，动物以非概念的方式接触世界，人类则以概念的方式接触世界。"自发性渗透到我们与世界的感知

---

① Mcdowell J. Mind and World[M]. Cambridge, MA: Harvard University Press, 1994: 58.
② Mcdowell J. Mind and World[M]. Cambridge, MA: Harvard University Press, 1994: 65.

关系中，甚至渗透到关于感性自身的印象当中。"[1]人类拥有自然语言的能力，可以通过知觉确证信念，经验内容就是判断的内容。动物显然无法做出如此的判断，即无法介入逻辑理由空间之中。然而，科林斯对此提出质疑：以上两种接触世界的方式本身并不存在任何的矛盾，这种知觉并无任何的差异，语言似乎无法否认我们同动物共享知觉。麦克道尔对此做出了回应：正是这种同世界接触方式上的差别得以凸显出概念性能力的理性特征。语言是理性主体特有的认知方式，非语言动物无法拥有信念，我们可以使用不同种类的语言描述表达同一观点。这里，尽管动物之间可以通过气味、声音、动作等信号做出一些交流，却并不具有语言的可变性。"自发性的自由应该是一种对自然的摆脱，是某种允许我们使我们自己高于自然的东西，而不是我们自己所特有的过一种动物性生活的方式。"[2]事实上，人类与动物共有的是对于环境的敏感性，并且人类所做出的关于世界的回应不同于动物的感知，动物缺少那种经过"思考"具有关于客观事物的命题态度，而仅仅是一种本能的对自然的反应，麦克道尔将这种差别定义为缺少了"自发性"能力。

麦克道尔在捍卫概念论的过程中再次强调了经验过程中已然包含概念的参与，自发性能力是世界对人类的呈现与动物的呈现

---

[1] Mcdowell J. Mind and World[M]. Cambridge, MA: Harvard University Press, 1994: 69.
[2] Mcdowell J. Mind and World[M]. Cambridge, MA: Harvard University Press, 1994: 64.

最为本质的差别，澄清人类中心主义者误解的同时避免了陷入唯心主义的漩涡。人类作为具有理性能力的认知主体，依据理由而采取行动，通过后天的教育实现概念潜在的可能并逐步成为语言文化共同体的组成。

三、第二自然的自然主义

（一）自发性的探讨

麦克道尔重新塑造了一种自然主义，为理性与自然的相容提供了合理的解释，这种解释是关于心灵与世界之间关系的解读，试图以此消解现代哲学的"忧虑"。为了实现这一目的，他将康德语汇的自发性能力精致化，进而提出"第二自然的自然主义"。经验化概念将自发性能力与感受性视为不可分割的整体，因而它也是一种经验获得的能力，心灵在经验中开放于世界、直面于世界。

现代哲学的忧虑同样表现在这一问题上，科学的解释只提供关于事物的自然描述而无法提供解释的规范性理由，所呈现的是一种"祛魅"的世界。"现代哲学自身被要求去填补二元论的鸿沟，即主体与客体、思想与世界之间的鸿沟。"[1]麦克道尔认为，我们如今对自然的理解将自发性因素排除在自然之外，将自然视为独立于与人相关的领域，正是这种看法的设定本身导致了相关知识的局限性，传统哲学中那种与"人"相对立的自然观使心灵与世

---

[1] Mcdowell J. Mind and World[M]. Cambridge, MA: Harvard University Press, 1994: 93.

界的关系变得紧张起来,要想缓解这种张力,就要在经验化概念的基础上重审自然。

"自然"是一个非常模糊的标签,在不同的哲学家眼中,自然主义具有不尽相同的意味,它涵盖于各种式样的知识理论立场。目前,关于自发性同自然关系的探究主要有两种。一种是自然主义的,认为心灵与世界之间的关系是说明性的,同自然科学所描绘的图景一般,以某种形式说明心理现象或将心理现象还原为物理现象,甚至有的理论将心理现象直接等同于物理现象以及取消心理现象,等等。例如行为主义的经典理论"心身同一论",此外还有功能主义、物理主义等。另一种为膨胀的柏拉图主义,把理由逻辑空间视为超自然的领域,独特的自成一类的特征处于自然之外。对于心灵与世界的关系这一问题,麦克道尔认为我们持有关于世界的信念,经验对思想与判断施加了合理性限制。其中,"彻底的自然主义"把自然等同于从属于自然法则的东西。"我的主张是,即便如此依然无法将自然性(naturalness)同意义的可理解性相排斥。"[1]麦克道尔指出,以如此方式呈现的自然失去了最本质、最原始的神秘特征,是一种"祛魅"的自然。我们无法以自然科学所揭示的规律来了解心灵。逻辑理由空间区分了两种可理解性:一种是自然科学的可理解性,另一种是某物置于理由逻辑空间得到的那种可理解性。

当代科学以法则领域的方式说明物体及其属性,通过经验性

---

[1] Mcdowell J. Mind and World[M]. Cambridge, MA: Harvard University Press, 1994: 73.

描述呈现给我们，这基于第一种可理解性。第二种可理解性中知识信念所对应的必然处于理由逻辑空间，具有自成一类的特性。知识信念在以概念为基础的前提或结论等推理联系中得到确证。如果把这两种可理解性相混淆，经验就会被视为一种被动的所予，就会产生自然主义谬误。麦克道尔认为，理性不能以法则来解析，理由也不能被还原为法则，以这样的视角理解自然无疑使自然丧失了原始意义，也就是一种"祛魅"的自然。同时，理由空间结构完全处于自然，拒绝理性的自然固然可以保证自成一类的理由空间，却把我们逼到了一个"超自然主义"（supernaturalist）[①]的境地，割裂了人类与动物之间所存在的连续性，从而使信念的辩护丧失了世界的制约。麦克道尔是一位自然主义的支持者，他试图使理性与自然相容，即在自然中融入概念的理性能力。"如果从已有的理论中来设想麦克道尔自然主义的走向，那么有两种对立的可能性：多元主义和科学主义。换句话说，如果我们必须为理性概念能力找到存在空间，那么我们要么可以把这些能力看成是非自然的，这就需要一种非自然的说明（多元论），要么把它看成是可以完全用科学解释而且只能用科学秩序来解释（科学主义）。"[②]传统哲学意义上对理性的理解无法融入自然科学，相反则会沦为"膨胀的柏拉图主义"（rampant platonism）[③]。大多数的自然主义

[①] Mcdowell J. Mind and World[M]. Cambridge, MA: Harvard University Press, 1994: 78.
[②] 何华. 知识、心灵与自然主义——知识论与心灵哲学合流视野中的麦克道尔哲学[D]. 太原：山西大学，2014：56.
[③] Mcdowell J. Mind and World[M]. Cambridge, MA: Harvard University Press, 1994: 77.

者，支持一元论与还原论两种哲学形态，自然秩序是所有要解释的对象，所有存在的就要得到解释。"自发性能力概念的特点，可能参与对感知的状态与事物的刻画，将其描述成对于自然（我们的自然）的现实化。"①麦克道尔并不赞同以科学主义的方式说明理性，而是关注自然主义要描述的对象并且认为其必须包括我们理性概念的能力。

因此，自然领域并不等同于法则领域，我们对于理由空间的回应不能完全还原为自然科学所探讨的现象，并且其既要保证世界对思想产生合理性的限制，又要使世界不能完全处于思想之外。自然包含法则领域，因果作用施加印象给主体，以经验描述反映世界所呈现的事实。除此之外，自然还包含"第二自然"②，概念能力置于理由逻辑空间从而保证了心灵与世界之间的理性关系。

（二）第二自然

麦克道尔在亚里士多德的著作《尼各马科伦理学》中汲取到第二自然的灵感。麦克道尔指出："对于亚里士多德所言的德性区别于纯粹的习惯性的倾向，那种依照匹配于德性的要求行事的方式。"③亚里士多德在对伦理学特征如何形成的解释中阐发了相关问题的看法，他认为一个人拥有好的品质、品格，也就是他称为

---

① Mcdowell J. Mind and World[M]. Cambridge, MA: Harvard University Press, 1994: 76.
② Mcdowell J. Mind and World[M]. Cambridge, MA: Harvard University Press, 1994: 84.
③ Mcdowell J. Mind and World[M]. Cambridge, MA: Harvard University Press, 1994: 78.

的"德性"是在培养与塑造中获得的。德性源于自然、超于自然，虽然他没有用同样的词语表达，这里的"德性"并非出于人类主体的本性，而是在"习惯"中逐渐获得的、一种自然而然的接受。自然赋予我们的天性是先于经验而获得，比如正常人类都拥有的五种感官知觉，而人类还可获得其他的能力，比如怎么骑自行车、怎么做比萨、怎么弹钢琴等，这种能力是通过学习与培养得到的。亚里士多德把德性分为两种，一种称为"伦理德性"，另一种为"理智德性"，二者都是与人类天性相关联的能力，却具有本质的区别。理智德性可以理解为第二种即通过学习与培养逐渐形成的，伦理德性则是我们通过习惯所获得的并逐渐演化成人类的一种天性。也可以说，德性是本性的习惯化，是通过习惯逐渐完善的天性。①

黑格尔是麦克道尔"第二自然"思想的另一位至关重要的影响者，"纠正康德令人不满之处的超验思想的方法应该是，涵盖黑格尔的观点，概念没有外部边界"②。"纯粹自然意志"中指出：自然受到法则的支配，而伦理事物的"习惯"是一种"如是我所是"的方式，作为自然的一种组成也就是麦克道尔所指的"第二自然"。因此，以自然科学领域的方式解释这种能力是不妥的。人类通过教化而得到概念使用的能力从而获得第二自然③。我们具有

---

① [古希腊]亚里士多德. 尼各马科伦理学[M]. 苗力田, 译. 北京: 中国人民大学出版社, 2003: 25.
② Mcdowell J. Mind and World[M]. Cambridge, MA: Harvard University Press, 1994: 83.
③ [德]黑格尔. 法哲学原理[M]. 范扬, 张企泰, 译. 北京: 商务印书馆, 1982.

一种先天的潜质区别于动物的本能,作为"自然渗透理性的动物"①本质就在于这种理性精神,我们通过后天的"教化"激发出全新的能力。这里,他借助伽达默尔的"教化"(bildung)来阐述自己的思想。教化通过语言的习得使人类从婴幼儿走向成人,在共同体内使用语言交流。我们通过文化的传承继承下去,由习惯形成共同体的共同规范。"通过伦理的教化(它将正确的形式渗于人的生活之中),人类就可以涵盖理解的介入理由空间,作为思想与行为的结果的习惯就是'第二自然'。"②

麦克道尔认为主体并非先天具有使用概念的能力,而是在日常生活中受到文化共同体的影响从而逐渐形成这种特殊的能力。他对自然的理解可以说是一种"宽泛"的自然主义(relaxed naturalism),或者称为自然主义的"放宽",以宽泛与放宽来强调这自然的"部分赋魅"(reenchantment)。他把这种立场称为"第二自然的自然主义",或者"自然化的柏拉图主义"(naturalized platonism)。第二自然类似于人类的一种本能活动,因此"The second nature"也可以理解为"第二天性"。这种能力区别于那些我们先天所拥有的能力,包含了对于事物的感应能力和后天获得的德性、技术等关于"教化"的能力,以及那些由经习惯的训练、培养、熏陶等。"人类获得第二自然,部分通过概念性能力得以实

---

① Mcdowell J. Mind and World[M]. Cambridge, MA: Harvard University Press, 1994: 85.
② Mcdowell J. Mind and World[M]. Cambridge, MA: Harvard University Press, 1994: 84.

现，而概念性能力间的相互关系则属于理性的逻辑空间。"①理性主体并不能在教化获得的过程中有明晰的时间界限，并且这种能力与其他的实践之间也没有明确的程序，也就是说不存在先天缺乏与后天获得能力之间的划分，能力与可能性的能力都存在于第二自然之中。麦克道尔指出正是塞拉斯对理由空间的划分明示了真正的知识的拥有者，理性主体所具有的独特的认识能力作为自然的组成部分，人类在自然中具有特殊的认知身份，理性能力以独有的性质作用于我们的生活方式。"我们必须明确区分自然科学的可理解性与某物置于逻辑理由空间的那种可理解性。这是确认逻辑空间之二分的方式，也是绝对自然主义所反对的。即便如此，我们依然认为，经验的思想就是关于某种自然事物的思想，但并不因此就将经验的思想从理性的逻辑空间中清除出去。"②也就是说，一方面，逻辑理由空间包含经验思想；另一方面，对逻辑理由空间负责的东西也应该是自然的。后天的教化把我们逐步带入逻辑理由空间，使人类最终脱离动物本性而具备理性特征，语言的习得形成遵从共同规范的语言共同体，教化在语言的习得过程中得以实现，使理性成为自然的重要组成。亚里士多德的"德性"描述这种能力与倾向，也就是麦克道尔的第二自然。"在语言的学习过程中，主体知道某些事物，在它们到场之前，已经内嵌于概

---

① Mcdowell J. Mind and World[M]. Cambridge, MA: Harvard University Press, 1994: xx.
② Mcdowell J. Mind and World[M]. Cambridge, MA: Harvard University Press, 1994: xix.

念间的理性关联，构成了理性空间的布局。"①理性主体通过教化理解与对概念"习惯"的把握是规范的组成部分，我们在实践中完成语言的习得，就像孩童的咿呀学语，在"第二自然"完善之前，这一过程中无法完成自我理性的认识，并不具有理性能力，因而习惯形成的过程中并不是完全自由。概念能力的获得在孩童成长为成人的过程中，认识到理由、确证与理性关系，这种天性是在语言共同体中由习惯赋予的。"自然语言关系到事物的理由，它是历史中智慧的积累。"②

理性主体通过教化把潜能转为一种实际的能力进而成为理由空间的组成，意义并不是来自自然之外的神秘物，"第二自然"调和了心灵与世界之间的关系，理性成为一种自然事项，从而摆脱了极端自然主义与膨胀柏拉图主义的两难。

四、语言主体的直接性确证

麦克道尔赞同塞拉斯的"知识内在于逻辑理由空间"，把语言哲学的知识问题同心灵哲学的身心问题交互，阐发了一种知学觉意义上的知识，用他自己的话来讲，"就是要在知识辩护中为经验争得一席之地，从而使我们的知识系统开放于外部世界"③。罗蒂

---

① Mcdowell J. Mind and World[M]. Cambridge, MA: Harvard University Press, 1994: 125.
② Mcdowell J. Mind and World[M]. Cambridge, MA: Harvard University Press, 1994: 126.
③ 唐热风. 关于概念论的知识论优势[C]//《外国哲学》编委会. 外国哲学（第十八辑）. 北京：商务印书馆，2005：166.

在《真理与进步》中将麦克道尔的思想评价为"世界的可答复性",对于"经验"问题,布兰顿曾明确表态:"经验不是我的语词。"这两位在当代声名鹊起的哲学家同为匹兹堡学派的学者,但他们对语言、经验及知识的理解却选择了两条截然相反的道路。

麦克道尔指出布兰顿的推理主义提供的是一种"纯正的语义理论"(a full-blooded theory),他认为这样的理论毫无必要且会导致寻求语义的神秘主义倾向,指出我们的目标应该是拒绝那些错误的假设,并且为其异议提供了具体的说明。"纯正的理论反映了某种熟知的哲学态度。一种是我们惊讶于语言表达思想的能力;另一种是我们必须要有一定的能力,除非我们能以概念条款重建它,否则我们就把这种能力视为难以理解的。"[①]在麦克道尔看来,纯正的语义理论旨在解释表达(语词与句子)的意义,而在布兰顿的推理主义语义理论中,比如一个人说出"雪"这个语词,它所指的内容通过指定自己语词有"雪"的那些人"计分"的理性实践活动。最重要的是,"雪"的语义理解并不依赖于先验的语义解释。这似乎意味着除非我们可以用其他术语将其表达出来,否则无法真正理解意义,以其他语句完成语言意义的解释避免了探讨类似"意义""表征""指称"以及"真"这样传统语义学的问题。麦克道尔认为,一个完整的、纯正理论并不能起决定作用,因为我们无法从外在意义上理解语言,一种积极的理论假设与他们的意义之间存在难以逾越的鸿沟。布兰顿没有使用传统语义学

---

① Mcdowell J. Another Plea for Modesty[C]// Richard G. Heck. Language, Thought and Logic: Essays in Honour of Michael Dummett. Oxford: Oxford University Press, 1997.

的相关概念解释意义，而是致力探究是什么决定了这个语词（"雪"）而非其他语词。如果语词没有必要的关联，即便它的产生与使用是有意义的，依旧是一个悬而未决的问题。因此，麦克道尔认为这种纯正的理论对于语词的意义并不是必要的，而且它可能导致语义走向神秘，我们应当在理论的根源拒绝假设从而避免这种结果。对麦克道尔来说，否认以不同的术语进行解释是意义理解的唯一方法，一种选择是认识到我们对语词意义的普通理解已经是一种真正的理解，而不用以其他术语的解释来理解。这并不意味着我们不能系统地思考或者说所有的表达都无意义，相反，这样的努力正是当代语言哲学的追求，关键是我们不应将其视为"纯正的理论"，而应该适当看待。麦克道尔的目标不是以其他方式解释意义，而是从"内在的"（from inside）而非"从外部"（form outside）来扩展意义的理解。麦克道尔以此观点探究了这样一个问题：究竟是什么激发了语言推理主义的产生？

一直以来，"表象主义"在传统哲学语义论占有主导地位，表象通过指定语词的意义（例如，他们表征了什么）推进到说明整个句子的意义，它致力于一个特定的顺序解释：开始为子句的语义，转向句子的语义，然后至推理关系和语用学。表象往往融合头脑中之前的内容，查看理由并解释语言意义以及主体在使用语言中的具体执行。对此，麦克道尔支持布兰顿反对表象主义的态度，他否认的是推理主义是唯一的选择。于是，他认为我们应该拒绝那种必须为意义提供的线性解释，即表象与推理相"协调"的治疗方案以及先验性的理解，既不使用表象解释推理，也不用推理来解释表象（布兰顿的目标）。表象主义的过失之一就是导致了概念的假设，独立于概念的推理关系进行理解，而推理主义则通过解释以相同的方式产生错误。

令麦克道尔更为担忧的是"承诺和资格保持计分"的实践活动，做出断言或具有概念内容可以无需概念的推理理解。布兰顿接受麦克道尔"拒绝表象并不意味着必须接受推理主义"的意见，他和麦克道尔的分歧主要集中在语言意义理解的充分性上。布兰顿试图在给出和寻求理由的游戏中解释我们对语言意义的习得并提出了"大胆的猜想"，他认为即便这种方案失败了，我们依然可以看到在哪里失败以及如何失败；同样，或许可以成功。麦克道尔却担心这种猜想在一开始就是失败的。除非我们可以由规范管控归属和承认规范性身份，否则就无法理解语言的意义，一旦我们做出这样的假设，就已经放弃了对意义的正常理解。[①]麦克道尔在哲学上持有寂静主义（Quietism）的态度，他坚持真正的理解并不需要任何的理论来作为替代，从而在语言与心灵的交互中阐发了一种知觉意义上的知识。

麦克道尔的确证路径已然超越了传统经验主义与分析哲学，语言主体的直接性确证以浓厚的实用主义色彩描绘出一幅全新的知识图景。经验与概念都是认识过程不可或缺的两个方面，只有在知觉经验中概念内容才能被认知主体获得。经验本身把感受性与自发性不可分割地联系在一起，直观已然包含了理性的作用。

---

① Mcdowell J. Motivating Inferentialism&Robert Brandon Replies[C]// In The Pragmatism of Making it Explicit. Pragmatics&Cognition, 2005 (13).

当我们得到的感知与自身的内在信念相一致时,其通过概念介入逻辑理由空间,作为认知主体拥有清楚表达推理的前提以及结论的构成,理性使感知成为有效的认识,同时确保了知识受到外在世界的合理约束。"第二自然"调和了心灵与世界之间的关系,意义不再是来自自然之外的神秘之物,理性成为一种自然事项摆脱了极端自然主义与膨胀柏拉图主义的困扰,语言主体通过教化把潜能转为一种实际的能力并成为理由空间的组成。如此,能够被思考的就是事实,世界是事实的总和。世界是一个可思的世界,被概念化的世界。

第六章 新实用主义倾向

"概念实在论"在当代知识论与语言哲学发展进程中具有里程碑般的地位,为知识确证难题给出的全新解决方式超越传统理性主义与经验主义,展现出显著的新实用主义倾向。

一、语言哲学的里程碑

康德之前认识世界的哲学研究着手于外在,直至康德发现人类的理性有着自身的局限,因此在认识外在世界之前我们首先要对自己认识世界的工具——理性本身进行研究。首先要明白我们的认识能力如何,即我们能认识什么、不能认识什么,这种认识论的转变掀起了"当代语言哲学中的哥白尼式转换"[①]。这场思想革命导致了认识论转向,康德留给我们最重要的洞见是对于概念使用规范性的思考,他重新考察了人类的理性能力并提出了"人为自然界立法"的口号,将认识归功于认知主体的能力而非被认知的对象。据此,理性存在者与其他生物有了实质性的区别,我们能够运用概念并做出判断,对判断及行动负责的同时受到了概念规范的约束。规范决定了我们应用概念所做出的承诺,以及相应承担的责任。

"语言转向"之后,传统分析哲学研究是一种带有自然主义和经验主义特点的逻辑主义语义学,对于知识、真理等信念的分析依赖于形式主义的语义学,或者是建立在逻辑关系基础上的语义理论。其中,描述性词汇、意向词汇等都被认为是"坏的形而上学",没有实际意义,因此分析哲学研究的路径狭窄。维特根斯坦

---

① Miroslava Andjelkovic.Articulating Reasons[J]. Philosophical Books, 2004,45(2): 140.

的语言研究放弃了因果功能的分析,开始关注实践中语言的使用,实用主义后期对于语言的探究就是在说明人们如何承认他人拥有知识,以及对他人的知识做出规范评价。新实用主义者塞拉斯否认这种自然主义的规范概念描述的语用学,对"所予神话"的批判导致了语言哲学研究进路的转变,新实用主义者开始关注理性主体对语言的心智建构。塞拉斯将分析哲学由休谟阶段推进到康德阶段,布兰顿沿袭塞拉斯的理性实用主义理路,他的哲学被赞誉为"将分析哲学从其康德阶段推进到黑格尔阶段"[①]。

布兰顿的语言哲学理论既体现于分析的实用主义,关注语言的表达与使用;又体现于理性的实用主义,强调理性推理的实践意义。他以语言主体能力的再考察对传统分析哲学难题做出了全新的解释,走出了自然主义的还原解释并避免了单一的通过"意义的使用"作为语言哲学的研究方法。"人类只受限于自身承认的限制。"[②]规范语用学的建构采纳黑格尔的方式对语义进行说明,用概念使用的实践活动来说明概念内容,使用概念的恰当性由概念推论的恰当性所决定。在说明关系上,语言与心灵是一枚硬币的正反面,逻辑不再是一种推理的标准而是作为表达的工具。知觉经验涉及概念的使用因而具有了规范意义,布兰顿突出了理性主体即"智识的存在"所独有的认知能力,概念的使用上依赖于

---

① Richard Rorty. Introduction[M]// Wilfred Sellars. Empiricism and the Philosophy of Mind. Cambridge, Mass: Harvard University Press, 1997: 13.
② Robert Brandom. Tales of the Mighty Dead: Historical Essays in the Metaphysics of Intentionality[M]. Cambridge, MA: Harvard University Press, 2002: 219.

推理的规范性，这种推理是一种实质推理。此外，形式推理是一种逻辑的推理，逻辑词汇清晰地表达推理关系，而实质推理否定将概念作为形式，从而建立起以推理为核心的语义的整体论。推论性的实践活动处于"逻辑理由空间"之中，以命题内容进行推理排除了非推理的概念内容，推理内容的适当性比推理形式的适当性更为重要。对于语言的逻辑，他采取了表达主义的方式进行理解。逻辑能力将隐含的内容明晰地表达，逻辑作为一种形式表达的工具，推论的实质性高于形式的正确性。传统的理性主义注重推理的逻辑能力，而布兰顿强调理性的实践能力，突出我们能够在实质推论的基础上恰当地使用概念。人类作为智识的存在统摄"理性"与"逻辑"，使用逻辑词汇把推论内容以明晰的形式表达出来并进一步修正及反思。推理活动即具有语义维度的同时具有语用维度，如此将语义学奠基于语用学。黑格尔式的推理表达都是社会性的，布兰顿基于这样的思考建立了道义身份、规范的推论的"计分"。语言共同体内部的实践能够对命题内容的"真"做出正确的定义，避免了语用描述分析的片面性，以及非推论真理与推论真理的一致性，以道义计分的方式揭示了关于"从言式"与"从物式"命题态度的区别及其之间的关系，突显出一种社会交往的认知模式。语言主体的意向性的表达以及实质推理的语言实践都涵盖在统一的体系之中。他把具有命题内容的意向性状态归于实践者的实践，意向性被看作一种重要的认知活动，它解释了我们作为感性的存在物如何产生理性的认识能力，以及回答了语言是如何从行为中产生的。同时，我们应将经验内容看作本身就是概念性的东西,是概念思维的一种形式,经验内容处于思维中具有一种规范作用。布兰顿继承并发展了黑格尔最伟大的洞见,否定自在之物的刺激出现感知——概念内容之外并无他物。经验世界就是概念世界,摆脱了先验"所予"被动性的特性,任何感知经验都是以一定社会—文化历史实践的规范视角为起点,探求我们与世界的认识关系也无法脱离社会历史实践。

麦克道尔对于语言及相关问题的理解走出了一条与布兰顿截然不同的道路,再次复兴了实用主义的经验论传统。对匹兹堡学派而言,康德与黑格尔无疑是最具吸引力的人物。"站在康德这个巨人的肩膀上,我们找到去实现的方法,尽管没有完全成功但是几乎做到了对于传统哲学的取代。"[①]在《心灵与世界》中,麦克道尔以独特的洞察力借助康德哲学引渡自己的观点,以黑格尔的方式超越传统分析哲学,使其免受怀疑主义的质疑,从而克服了康德哲学中的局限性。当我们经验到"事物如此这般"的时候,就同时做出了"的确如此"的判断,并且主体从事于调整他们的想法去适应经验的持续活动,关于世界的经验为我们提供了信念的理由,同样概念的是关于世界的。概念化经验散发出一种与传统哲学截然不同的理论气质,感受性与自发性的共同作用结束了唯心主义同实在论以及怀疑主义同经验论的争论,在认可逻辑理由空间的基础上模糊了直观与概念之间的逻辑区分。人类拥有第二自然的能力,世界的开放性包含了理性的批判与反思,麦克道

---

① Mcdowell J. Mind and World[M]. Cambridge, MA: Harvard University Press, 1994: 111.

尔支持概念与推理对认识的重要作用,强调经验的概念化将知觉转化为概念性能力的实现,只有拥有概念才能获得经验,经验与概念犹如一枚硬币的正反面。经验同信念的关系作为在推理关系充当的某种角色为语言意义与知识的合理性提供了重要的依据。在麦克道尔的视阈下,康德的失败就在于他拘泥于自然与理性的二元分离,因此麦克道尔以黑格尔概念的无界性跨过了心灵与世界的间隙。概念化的经验中,经验所面向的是理性主体,经验向事实的开放性保证了思想与世界相关联。麦克道尔认为黑格尔的方式能够一劳永逸地告别怀疑主义,他与黑格尔的共同之处就在于他并未放弃经验,认为经验存立于思想中,我们的思想始于经验,任何观点都关乎经验的认识作为一种直接的知识。传统认识的构成中,表象内容导致了我们的主观思维活动进而形成概念。黑格尔的《精神现象学》做出了信念何以与世界相关的分析,他对认识的顺序进行了调整,认为概念先于事物。麦克道尔对于所予论的看法显然与黑格尔的态度十分吻合。康德哲学对于内容与形式的割裂致使其无法行至黑格尔阶段,只停留在概念中涉及对象的时空,实在才是有依据的。麦克道尔采纳了黑格尔本质主义的实在论,他没有将常识世界抛弃,而是把文化与历史因素都纳入我们对世界的理解当中。"第二自然"实现了概念的无界性,这是一种黑格尔式的对康德哲学的再发展。

布兰顿与麦克道尔超越传统理性主义与经验主义,对知识、意义、真理等问题做出全新理解,对语言哲学的发展具有里程碑意义。新实用主义向我们展示了一个丰富的世界,它是理性与实践共同的世界,一个动态的发展变化的世界。

二、基于"概念实在论"的再思考

传统确证以关注理性、信念推理确证为认识导向,无论是将感觉等同于信念的基础主义,还是诉诸信念系统相一致的融贯论,都是以认知主体的内在心理状态作为知识的主要依据。匹兹堡学派的知识理论所支持的同样是一种信念论的辩护体系,知识的语义建构与直接性确证的前提都是"概念"。倘若单从信念假设来看,信念的确证与否取决于主体究竟持有怎样的信念状态,也可将其视为主体持有怎样的信念官能。然而,传统确证却走向了一条狭隘的确证理路,其唯意志论的辩护的条件使我们的信念大打折扣,原因在于它将辩护因素限定为意识状态,使所有信念都是被有条件地证明。在感官经验中我们往往直面客体的物理属性,极少去关注究竟如何呈现,它通常不会引起关于感知的信念,基础信念这种内容实则并不存在。融贯论以反驳基础信念的面貌而出现,遗憾的是它错误地拒绝了所有非信念诉求。这种做法忽略了认识的合理性实际上不仅仅由我们的信念所决定,而且同知觉紧密相关。同样,知识是对外在世界基本准确的反映,因而需要从客观存在的世界获得经验内容。

塞拉斯勾勒出一幅不同于传统经验知识的实用主义图景,"知识内在于逻辑理由空间"引发了匹兹堡学派对语言哲学相关问题的热烈探讨，其理论呈现出"概念实在论"[1]立场。布兰顿以推论性实践为基础突出了理性对认识的能动作用，推理主义语义学以精致的构思在推论中保留了客观世界，语言是否正确运用与世界存在物的方式相关联。其中，"实质推理"包含了非语言以及非推论的成分，"观察报道"所扮演的推论角色使知觉经验成功加入知识的辩护序列，知识主体可以在尚未确证（知道而没有给出理由）的情况下形成可靠的"真"信念。麦克道尔则以治疗精神重新赋予经验生命力，借助康德对经验的阐释以经验化概念成功走出了所予论与融贯论的摆荡。我们在经验中接触世界，当经验告诉我们世界如此这般，就已经具有了概念的参与。对于知识而言，处于不同环境中主体持有的相同信念，无论环境具有怎样的差异，主体的信念辩护都不存在区别，也就是说这并不是"相信"的不同。我们关于信念系统的表征是近似正确的，虽然对于已有的先验或表征信念系统把握的评价相一致，但是我们依然可以对其提出质疑。这里，假如把信念理解为确证的前提，就会有再次陷入无限倒退的危险。对此，概念实在论将信念的辩护转化为心灵内在的接近性，把信念假设作为论证的起点而非确证的最终法庭，从而填平了传统确证理路的沟壑。信念间的相融贯接受经验的输入，感官知觉是信念与外在世界的介面，认知主体的知觉信念具有一定的可靠性，同时这种可靠性是外部的客观条件。

那么，如何从非概念的实在获得经验内容？一种完善的知识

---

[1] 陈亚军. 德国古典哲学、美国实用主义及推论主义语义学——罗伯特·布兰顿教授访谈（上）[J]. 哲学分析, 2010（1）.

二、基于"概念实在论"的再思考

理论对这一问题的回答,不仅需要诉诸信念系统的融贯关系,还应该考虑到内在的相一致如何同外在的经验内容相结合,同时吸纳外在于理论系统的关于世界的经验内容以及何种方式结合最为恰当。对此,我们对于信念的辩护可以既肯定认知的通达性,采纳了非自明的确证方式,比如承认像观察报道这种非推论的信念是一种直接得到的知识;同时认可理性主体得以通过反思、内省、记忆、推理等途径"知道"信念的性质把握确证的理由,主体自身认知在没有把握事实经验信念的情况下,只要信念事实与认知系统一致也得以确证。因此,认知主体感官知觉的内省对于知识具有特殊的作用。任何经验知识理论都要求信念系统包含经验内容,而不仅仅是"可能"包含,没有任何一种理论能否认知觉经验对于认识的作用。其中,信念的自发性、观察条件的确证、观察信念类别的辨明需要内省以及内在的非感官知觉的东西。经验本身仅仅产生信念却不能直接确证信念,经验信念具有自发性,同时具有强制性,它的形成是一件很自然的事。事实上,知觉是获得知识的重要来源,信念的辩护并不能只诉诸知觉信念,而应部分取自知觉自身,并将二者都视为有效的认知资源。

在哲学解释中,人类因独有的特征通常被描述为理性动物,匹兹堡学派重新把"理性"解释为一种对于概念理由的回应能力。作为认知主体,我们依据理由而做出行动,这种能力使我们区别于具有感知的普通生物。知识的获得依赖于理性的认识,而理解一个概念就在于掌握它的理由。因此,概念的拥有者与使用者,同时也是理由的制造者与接受者。"经验知识,如复杂的延伸,科学,一样是合理的,不是因为它有一个基础,而是它是一项自我校正的事业,可以把任何论断置于险境,尽管不是同时将所有的。"[1]人类认知相关的概念图式是一种动态的过程,知识的证成既不是客体中的预先形成,也不是主体内的先验存在;知识的确证是一种持续不断的过程,经验中已然涉及了概念的运用——具有概念能力的主体,无须寻找理由或者做出论证,我们能够把存在赋予清楚知觉的任何事物;对象(概念)早已寓居于我们的概念空间之内,因而,我们可以主动地把握对象,使对象遵从我们的认识[2]。因此,我们是否应该接受一种自然主义的设想,将认知过程诉诸一般的内在状态,而又不仅仅是信念。

"求知"是人类的天性,是认识的根本企图,是理性思考永不枯竭的源泉。

---

[1] Sellars W. Empiricism and the Philosophy of Mind[M]. MN: University of Minnesota Press, 1963: 38.
[2] 费多益. 知识的确证与心灵的限度[J]. 北京:自然辩证法研究, 2015 (11).

参考文献

[1] 叶秀山. 苏格拉底及其哲学思想[M]. 北京：人民出版社，1986.

[2] A. E. 泰勒，Th. 龚珀茨. 苏格拉底传[M]. 赵继铨，李真，译. 北京：商务印书馆，2004.

[3] 柏拉图. 西方哲学原著选读·斐多篇[M]. 北京：商务印书馆，1982.

[4] 陈嘉映. 语言哲学[M]. 北京：北京大学出版社，2006.

[5] 涂纪亮. 从古典实用主义到新实用主义——实用主义基本观点的演变[M]. 北京：人民出版社，2006.

[6] [英]罗素. 逻辑与知识[M]. 苑莉均，译. 北京：商务印书馆，1996.

[7] J. Habermas. From Kant to Hegel: On Robert Brandom's Pragmatic Philosophy of Language[J]. European Journal of Philosophy, 2000.

[8] [日]安倍能成. 康德实践哲学[M]. 于凤梧，王宏文，译. 福州：福建人民出版社，1985.

[9] [美]盖梯尔. 有理由的真信念就是知识吗？[J]. 孟庆时，译. 今日哲学，1987.

[10] Putnam Hilary. Brains in a Vat[C]//K. DeRose, T. A. Warfield. Skepticism: A Contemporary Reader. Oxford: Oxford University Press, 1999.

[11] Laurence Bonjour. Externalism and Internalism[M]. Oxford: Oxford University Press, 2002.

[12] John Pollock. Philosophy and AI: Essays at the Interface[J]. Mind and Machines, 1997, 7(3).

[13] William Alston. Internalism and Externalism in Epistemology [J]. Philosophical Topics, 1986(1).

[14] 邹志勇. 内在主义的认识论研究[J]. 社会科学家, 2017（6）.

[15] Ernest Sosa. The Raft and the Pyramid[C]//Linda Martin Alcoff. Epistemology: The Big Questions. Oxford: Blackwell Publishers, 1998.

[16] [美]卡尔纳普. 卡尔纳普思想自述[M]. 陈晓山, 等, 译. 上海: 上海译文出版社, 1985.

[17] Anthony Quinton. The Nature of Things[M]. London: Routledge and Kegan Paul, 1973.

[18] [德]康德. 纯粹理性批判[M]. 邓晓芒, 译; 杨祖陶, 校. 北京: 人民出版社, 2004.

[19] C. I. Lewis. The Place of Intuition in Knowledge[D]. Cambridge: Harvard University, 1910.

[20] C. I. Lewis. Mind and the World Order: Outline of a Theory of Knowledge[M]. New York: Charles Scribners, 1929.

[21] 李国山. 刘易斯文选[C]. 李国山, 方刚, 等, 译. 北京: 社会科学文献出版社, 2007.

[22] John L. Pollock, Joseph Cruz. Contemporary Theories of Knowledge[M]. 2 edition. Rowman & Littlefield Publishers, 1999.

[23] David Armstrong. Belief, Truth and Knowledge[M]. London: Cambridge University press, 1973.

[24] Roderick Chisholm. Theory of Knowledge[M]. Garden City. N. Y. Anchor Books, 1970.

[25] [美]唐纳德·戴维森. 真理、意义、行动与事件[M]. 牟博, 译. 北京: 商务印书馆, 1993.

[26] Tarski A. Logic, Semantics, Metamathematics[M]. Oxford: the Clarendon Press, 1956.

[27] 张妮妮. 意义、解释和真: 戴维森语言哲学研究[M]. 北京: 中国社会科学出版社, 2008.

[28] Davidson, D. Subjective, Intersubjective, Objective[M]. Oxford: Oxford University Press, 2001.

[29] Davidson, D. Inquires into Truth and Interpretation[M]. New York: Oxford University Press, 2001.

[30] 徐冻梅, 高兴梅. 对戴维森的意义理论的评述[J]. 安徽工

业大学学报, 2005 (4).

[31] Davidson, D. Truth and Meaning[M]// Davidson, D. Inquires into Truth and Interpretation. Oxford: Clarendon Press, 1984.

[32] Davidson, D. The Second Person[M]//Davidson, D. Subjective, Intersubjective, Objective. Oxford: Clarendon Press, 2001.

[33] [美]戴维森. 真理、意义与方法——戴维森哲学文选[C]. 牟博, 编. 北京: 商务印书馆, 2008.

[34] [美]戴维森. 知识的三种类型[C]//A. P 格瑞费思编辑纪念艾耶尔文集. 1999.

[35] Laurence Bonjour. The Structure of Empirical Knowledge[M]. Cambridge, MA: Harvard University Press, 1985.

[36] Laurence Bonjour. The Dialectic of Foundationalism and Coherentism[M]//John Greco, Ernest Sosa. The Blackwell Guide to Epistemology. Oxford: Blackwell Publishers, 1999.

[37] Goldman. A. I. What is Justified Belief?[M]// George Spappas. Justification and Knowledge. Dordrecht. Holland Reidel Publish Company, 1979.

[38] Goldman. A. I. A Causal Theory of Knowing[J]. The Journal of Philosophy, 1967(64).

[39] Goldman. A. I. Epistemology and Cognition[M]. Harvard University Press, 1988.

[40] David Armstrong. Belief, Truth and Knowledge[M]. London:

Cambridge University press, 1973.

[41] Goldman. A. I. Liaisons: Philosophy Meets the Cognitive and Social Sciences[M]. Cambridge: The MIT Press, 1992.

[42] Goldman. A. I. Reliabilism[M]// Edward N. Zalta. The Stanford Encyclopedia of Philosophy. 2008.

[43] K. Kappel. A Diagnosis and Resolution to the Generality Problem [J]. Philosophical Studies, 2006, 127(3).

[44] E. Conee, R. Feldman. The Generality Problem for Reliabilism [J]. Philosophical Studies, 1998, 89(1).

[45] [美]约翰·波洛克, [美]乔·克拉兹. 当代知识论[M]. 陈真, 译. 上海: 复旦大学出版社, 2008.

[46] Susan Vineberg. Dutch Book Dutch Strategies and What They Show about Rationality in Philosophy Studies[J]. An International Journal For Philosophy in the Analytic Tradition, 1997(86).

[47] 方环非. 知识之路: 可靠主义的视野[M]. 上海: 上海人民出版社, 2014.

[48] Goldman A. I. Laisons: Philosophy Meets the Cognitive and Social Sciences[M].Cambridge: The MIT Press, 1992.

[49] John Greco. Agent Reliabilism[J]. In Philosophy Perspectives Epistemology, 1999.

[50] 杨宁芳. 走向外在主义的认知哲学[J]. 哲学研究, 2016(6).

[51] Sellars W. Empiricism and the Philosophy of Mind[M]. Cambridge, MN: University of Minnesota press, 1963.

[52] Robert Brandom. A Study Guide[M]// Wilfrid Sellars. Empiricism and the Philosophy of Mind[M].Cambridge: Harvard University Press, 2003.

[53] Willem A. deVries, Timm Triplett. Knowledge, Mind, and the Given — Reading Wilfrid Sellars's "Empiricism and the Philosophy of Mind"[M].Hackett Publishing Company, Inc., 2000.

[54] Robert Brandom. From a Critique of Cognitive Internalism to a Conception of Objective Spirit Reflections on Descombes' Anthropological Holism[J]. Inquiry. 2004(47).

[55] Robert Brandom. Making it Explicit: Reasoning, Representing, and Discursive Commitment[M]. Cambridge, MA: Harvard University Press, 1994.

[56] Robert Brandom. Tales of the Mighty Dead: Historical Essays in the Metaphysics of Intentionality[M]. Cambridge, MA: Harvard University Press, 2002.

[57] Robert Brandom. Articulating Reasons: An Introduction to Inferentialism[M]. Cambridge, MA: Harvard University Press, 2000.

[58] Robert Brandom. Replies[J]. Pragmatics and Cognition,

2005(13).

[59] Robert Brandom. Between Saying and Doing. Towards an Analytic Pragmatism[M]. Oxford: Oxford University Press, 2008.

[60] Wilfrid Sellars. Meaning as Functional Classification[C]// Kevin Scharp, Robert Brandom. In the Space of Reasons: Selected Essays of Wilfrid Sellars. Cambridge: Harvard University Press, 2007.

[61] Sellars. Some reflections on Language Games[M]//Kevin Scharp, Robert Brandom. In the Space of Reasons: Selected Essays of Wilfrid Sellars. Cambridge, Mass: Harvard University Press, 2007.

[62] Robert Brandom. Expressive vs. Explanatory Deflationism About Truth[C]// R.Schantz. What Is Truth? Hawthorne de Gruyter. Berlin&N.Y, 2002.

[63] 孙小龙. 规范、推论与社会实践——罗伯特·布兰顿语言哲学研究[D]. 南京：南京大学，2011.

[64] 陈亚军. 超越经验主义与理性主义——实用主义叙事的当代转换及效应[M]. 南京：江苏人民出版社，2014.

[65] [美]威廉·詹姆士. 彻底的经验主义[C]. 庞景仁，译. 上海：上海人民出版社，1964.

[66] [美]杜威. 哲学的改造[M]. 许重清，译. 北京：商务印书

馆，1933.

[67] [美]C. W. 莫里斯. 逻辑实证主义、实用主义和科学的经验主义[M]. 徐瑞康，金友乐，李佩玖，译. 上海：上海人民出版社，1966.

[68] 陈亚军. 古典实用主义的分野及其当代效应[J]. 中国社会科学，2014（5）.

[69] Mcdowell J. Mind and World[M]. Cambridge, MA: Harvard University Press, 1994.

[70] 王华平. 心灵与世界——一种知觉哲学的考察[M]. 北京：中国社会科学出版社，2009.

[71] Mcdowell J. Having the World in View[M]. Cambridge, MA: Harvard University Press, 2009.

[72] 何华. 知识、心灵与自然主义——知识论与心灵哲学合流视野中的麦克道尔哲学[D]. 太原：山西大学，2014.

[73] [古希腊]亚里士多德. 尼各马科伦理学[M]. 苗力田，译. 北京：中国人民大学出版社，2003.

[74] [德]黑格尔. 法哲学原理[M]. 范扬，张企泰，译. 北京：商务印书馆，1982.

[75] 唐热风. 关于概念论的知识论优势[C]//《外国哲学》编委会. 外国哲学（第十八辑）. 北京：商务印书馆，2005.

[76] Mcdowell J. Another Plea for Modesty[C]//Richard G. Heck. Language, Thought and Logic: Essays in Honour of Michael

Dummett. Oxford: Oxford University Press, 1997.

[77] Mcdowell J. Motivating Inferentialism & Robert Brandon Replies[C]//In The Pragmatism of Making it Explicit. Edited by Pirmin Stekler-Weithofer. Pragmatics&Cognition, 2005.

[78] Richard Rorty. Tntroduction in Wilfred Sellars. Empiricism and the Philosophy of Mind[M]. Cambridge, Mass: Harvard University Press, 1997.

[79] 陈亚军. 德国古典哲学美国实用主义及推论主义语义学——罗伯特·布兰顿教授访谈（上）[J]. 哲学分析，2010（1）.

[80] 费多益. 知识的确证与心灵的限度[J]. 自然辩证法研究，2015（11）.